金融信用评估

大数据背景下的统计学与机器学习应用

袁 慧 ◎ 著

人民邮电出版社
北京

图书在版编目（CIP）数据

金融信用评估：大数据背景下的统计学与机器学习应用 / 袁慧著. -- 北京：人民邮电出版社，2021.10
ISBN 978-7-115-57213-4

Ⅰ. ①金… Ⅱ. ①袁… Ⅲ. ①数据处理－应用－金融机构－信用－研究 Ⅳ. ①F830.3

中国版本图书馆CIP数据核字(2021)第172270号

内 容 提 要

本书以金融信用评估为主题，以社交媒体为背景展开，旨在将大数据信息应用于信用评估与预测，从而维护金融市场的有效运作。本书涉及个人与企业两个信用评估主体，从这两个维度出发，为读者介绍传统个人信用评分与企业信用评级机制，展示统计学模型与机器学习模型如何应用于信用评估中。本书还探索了大数据对信用评估的作用，引入社交媒体大数据，通过机器学习和深度学习的方式对多模态大数据进行分析，并将提取的信息应用于评分与评级过程，丰富了大数据的应用场景，一定程度上填补了信用评估相关研究的学术空白。

本书适合对信用评估、大数据分析、社交媒体研究感兴趣的读者阅读，也可作为高校相关专业的教学参考用书。

◆ 著 袁 慧
  责任编辑 贾鸿飞
  责任印制 王 郁 彭志环

◆ 人民邮电出版社出版发行 北京市丰台区成寿寺路11号
  邮编 100164 电子邮件 315@ptpress.com.cn
  网址 https://www.ptpress.com.cn
  北京博海升彩色印刷有限公司印刷

◆ 开本：700×1000 1/16
  印张：11.5
  字数：205千字 2021年10月第1版
  印数：1－1 800册 2021年10月北京第1次印刷

定价：79.90元

读者服务热线：(010)81055410 印装质量热线：(010)81055316
反盗版热线：(010)81055315
广告经营许可证：京东市监广登字 20170147 号

作者简介

袁慧，上海外国语大学国际工商管理学院助理教授。中国人民大学信息管理与信息系统学士、管理科学与工程硕士，香港城市大学（City University of HongKong）信息系统（Information Systems）博士。主要研究方向为社交网络分析、大数据分析、金融科技及商务智能，一直从事相关的研究工作，有着丰富的理论与实践基础。目前已以第一作者身份发表多篇国际期刊论文及国际会议论文，作为主要参与人参与了多项国家级项目，同时主持一项国家自然科学基金青年科学基金项目。

序

  信息技术的飞速发展让其应用渗透到了各个领域，金融科技的概念也应运而生。金融科技是技术驱动的金融创新，用创新的产品和服务提升金融业的效率并有效降低运营成本。尽管金融科技是个很流行的术语，但如何恰当地应用技术仍是学术界和业界探讨的课题。本书在金融科技背景下对金融市场重要的活动——信用评估进行探索，试图以技术手段解决现阶段信用评估的瓶颈问题。

  信用评估是金融市场中的一项重要活动，由于金融市场参与双方存在着信息不对称，而信用风险成为减少这种信息不对称的重要评估指标。本书探讨的信用主体分为个人和企业，对前者的信用评估称为信用评分，对后者的信用评估称为信用评级。学者已经开始将机器学习应用于信用评分和信用评级领域。

  目前大部分信用评估研究关注于传统的指标：信用评分关注于个人客户的收入、职业等，信用评级关注于企业的财务指标等。互联网的发展改变了金融领域，金融机构了解主体的途径也相应发生了改变。传统的个人信用评分通过个人客户上传的资料进行详细审查，传统的企业信用评级需要去考察企业的各个层面，加深对企业信用风险的了解。而互联网的普及，特别是用户生成内容模式的社交媒体的普及，为信用评估领域带来了新的机遇，互联网上蕴含海量的数据，评分或评级机构可以通过这些相关的大数据加深对主体的了解，进而获取更准确的信用评估结果。

  本书围绕信用评估，分别从个人主体和企业主体出发，以大数据环境为背景，介绍个人信用评分及企业信用评级，并探索了大数据如何应用于两种情境下，提高整个金融市场的有效性，为金融机构提供更有效的支持。作为一门内容涉及交叉学科的书籍，本书引入了机器学习和深度学习的方法去提取社交媒体大数据下对信用评估有效的信息，并对这些技术方法进行了介绍。

  这本书的内容是我近年来的工作成果，希望它能对读者有所帮助。

  本书相关的主要研究工作在国家自然科学基金（72001144）的资助下完成，特此致谢。

  感谢中国人民大学的许伟教授、香港城市大学的刘耀强（Raymond LAU）副教授、香港城市大学的杨楷博士对本书涉及的研究工作的贡献。同时感谢我的家人，感谢他们对我研究工作的支持，使本书得以顺利出版。最后，由衷地感谢人民邮电出版社在本书编辑和出版过程中所做的各项工作。

  由于水平有限，成书仓促，书中难免有疏漏之处，敬请广大读者发送电子邮件至 jiahongfei@ptpress.com.cn，给予批评指正，并多提宝贵意见。

袁慧

2021 年 6 月

目 录

第1章　引言 ··· 1
 1.1　什么是信用 ··· 2
 1.2　个人信用介绍 ·· 3
 1.3　企业信用介绍 ·· 5
 1.4　大数据背景下的信用评估 ··· 6
  1.4.1　金融科技 ·· 7
  1.4.2　大数据背景下的信用服务 ·································· 10
 1.5　本书主要内容 ·· 12

第2章　传统个人信用评分 ··· 15
 2.1　个人信用概述 ·· 16
 2.2　相关工作总结 ·· 18
  2.2.1　关于个人信用评分 ·· 18
  2.2.2　个人信用评分研究现状 ····································· 19
 2.3　信用评分方法介绍 ·· 21
  2.3.1　统计学方法 ··· 21
  2.3.2　机器学习 ·· 24
 2.4　信用评分模型构建 ·· 31
  2.4.1　数据集描述 ··· 31
  2.4.2　评价指标 ·· 34
  2.4.3　模型构建 ·· 36
  2.4.4　结果分析 ·· 36
 2.5　本章小结 ·· 46

第3章　基于社交媒体的在线个人信用评分 ··························· 48
 3.1　个人信用评分新趋势 ··· 49
 3.2　相关工作总结 ·· 53
  3.2.1　在线个人信用评分 ·· 53

3.2.2　性格特质分析 ··· 55
　3.3　技术基础 ··· 58
　3.4　基于社交媒体信息的信用评分框架 ······························· 61
　　　3.4.1　总体框架 ··· 61
　　　3.4.2　数据采集模块 ··· 62
　　　3.4.3　人格特质挖掘模块 ·· 62
　　　3.4.4　风险评估模块 ··· 63
　　　3.4.5　输出可视化模块 ··· 64
　3.5　实验结果 ··· 64
　　　3.5.1　实验设置 ··· 64
　　　3.5.2　基于BERT的人格特质检测性能研究 ···················· 65
　　　3.5.3　信用评分结果 ··· 67
　3.6　本章小结 ··· 72

第4章　传统企业信用评级 ··· 74
　4.1　企业信用评级概述 ··· 75
　4.2　相关工作总结 ··· 78
　　　4.2.1　企业信用评级概述 ·· 78
　　　4.2.2　企业信用评级研究现状 ······································ 80
　4.3　传统信用评级方法 ··· 84
　4.4　信用评级模型构建 ··· 86
　　　4.4.1　数据集描述 ·· 86
　　　4.4.2　评价指标 ··· 89
　　　4.4.3　特征选择 ··· 89
　　　4.4.4　模型构建 ··· 90
　　　4.4.5　特征选择后模型构建 ··· 93
　4.5　本章小结 ·· 102

第5章　在线企业信用评级 ··· 104
　5.1　企业信用评级新趋势 ··· 105
　5.2　相关工作总结 ··· 108
　　　5.2.1　信用评级回顾 ··· 108
　　　5.2.2　文本分析研究现状 ·· 109
　　　5.2.3　图像分析研究现状 ·· 112
　5.3　基于社交媒体的信用评级 ··· 114
　　　5.3.1　在线信用评级框架 ·· 114

  5.3.2 框架概述 ·············· 115
5.4 特征提取细节 ·············· 117
  5.4.1 文本情绪信息提取 ·············· 117
  5.4.2 图像情绪信息提取 ·············· 124
5.5 在线企业信用评级实验 ·············· 126
  5.5.1 数据描述 ·············· 126
  5.5.2 文本情绪提取 ·············· 127
  5.5.3 图像情绪提取 ·············· 128
  5.5.4 实验结果 ·············· 130
5.6 本章小结 ·············· 133

第6章 结语 ·············· 135

6.1 大数据背景下的个人信用评分 ·············· 136
6.2 大数据背景下的企业信用评级 ·············· 137
6.3 未来趋势 ·············· 139

附录A 信用评级建模中各季度的信用等级分布 ·············· 141

附录B 在2013—2015年数据集上的递归特征消除法结果（第二季度至第四季度） ·············· 144

附录C 大五人格测试问卷 ·············· 159

参考文献 ·············· 163

第 1 章

引言

1.1 什么是信用

1.2 个人信用介绍

1.3 企业信用介绍

1.4 大数据背景下的信用评估

1.5 本书主要内容

1.1 什么是信用

"信用"是在日常生活中经常被提到的一个词语,相信大家并不陌生。

现阶段,我国正在强化信用体系建设,2019年7月国务院办公厅印发《关于加快推进社会信用体系建设构建以信用为基础的新型监管机制的指导意见》,包括5部分内容:

- 创新事前环节信用监管
- 加强事中环节信用监管
- 完善事后环节信用监管
- 强化信用监管的支撑保障
- 加强信用监管的组织实施

该意见充分体现了信用的重要性。关于信用我们最常提及的物品之一就是信用卡,信用卡实质上就是银行对信用达标的消费者发行的信用证明,对于信用达标的消费者,银行会根据他们的信用状况,赋予其不同的信用卡额度。信用的范畴较为广泛,本书主要关注金融背景下的信用,该背景下的信用具有偿还和赔付的信息。

那到底什么是信用呢?这个术语在金融领域有宽泛的定义。信用可以被理解为一种协议,在这个协议里,借方会收到有价值的东西,并同意在某个规定的日期以某种方式(如利息)偿还贷方。通常提到的信用主体包括个人或公司,信用主体的信用通常指的是个人或公司的信用状况或信用记录。信用是金融领域一个很重要的概念,如果主体信用状况较差,没有资格通过贷款购买房屋、汽车或其他"高价"物品,同时主体也面临着为同样的贷款支付更高的利率或者费用。换言之,主体信用状况较差,说明其不可信或者不具备履行其承诺的能力;相反,主体信用状况良好,说明其可信度高并且可以按时履行承诺。

前文提到的信用卡,其使用主体是消费者。在这个背景下,当消费者进行信用卡申请时,发放信用卡的银行会根据消费者的信息(如收入)对其信用进行评估,如果信用评估结果是高风险,则意味着银行对该消费者能够按时还款的信心不足,银行就会拒绝该消费者的信用卡申请要求。相反,如果信用评估结果是低风险,那么银行对该消费者能够按时还款持乐观态度,因此银行会接受该消费者的信用卡申请请求。

如果信用主体是企业,那么当投资者对其企业做相应的投资决策时,他们会对其企业信用进行评估,如果信用评估结果是高风险,则意味着该企业的可信程度较差、履行承诺的能力较弱,那么投资者对其的投资决策将较为保守;如果评估结果和低风险,这代表该企业的履约能力强,那么投资者会更愿意进行相应的投资。

本书以金融科技为背景，从个人和企业两个维度出发，分别介绍个人信用与企业信用的评估方法。

信用评估，通常意义上是指信用风险评估，是金融市场行为中重要的一个环节。有学者总结了信用风险对金融市场的影响，指出了信用风险对债券发行者、债券投资者和商业银行的影响。为了能正确评估信用，业界和学术界作出了各方面的努力。

1.2 个人信用介绍

个人信用，顾名思义是个人履行与授信方达成的约定的能力。通过考察一个人各方面的信息可以对其信用进行判断。个人信用已经渗入生活的各个方面。近年来，我国较为广泛应用的基于互联网的信用分数是芝麻信用，各机构可以通过芝麻信用分数提供相应的服务。如现在大家出门在外会使用到共享移动电源，如果芝麻信用达到某个分值，那么就可以无押金借用共享移动电源。

在金融领域，个人信用评分会用于信用卡、保险理赔等多项业务中。个人信用评分对金融机构（如商业银行）非常重要，信用评分评估的是个人的信用风险，而承担风险的是提供业务的金融机构，如当个人向商业银行申请贷款时，商业银行是信用风险的承受者，这就意味着，商业银行无法准确评估申请人的信用风险时，会承担着违约风险和违约之后的损失。同时，信用风险高的申请人，商业银行如果同意其贷款申请，则承担着比同意信用风险低的人贷款更高的风险，即潜在损失更大。因此有些商业银行虽然会同意贷款申请，但是需要申请人支付较高的利率。

个人信用评估通常涉及 5C 要素，包括借款人的品质（Character）、能力（Capacity）、资本（Capital）、资产抵押情况（Collateral）和经济环境（Condition），如图1.1 所示。

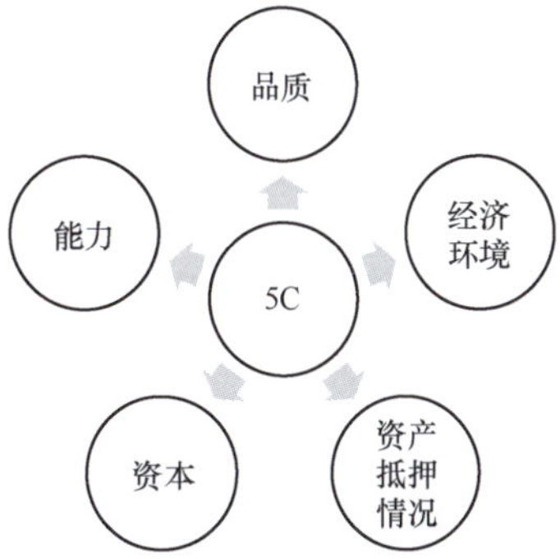

图 1.1 5C 要素

- 品质：指的是客户的道德品质，要求客户是诚实可信的。信用评估机构会考察客户偿还贷款的意愿可能性，通过客户的信用历史（如历史还款情况）来观察。
- 能力：指客户还款的能力，如收入、债务收入比等。
- 资本：显示客户偿还贷款的背景，资本越高意味着客户的违约概率越低。
- 资产抵押情况：资产抵押可以帮助客户获得贷款，所谓抵押代表如果客户无法履行承诺，那么相关机构可以通过收回抵押的资产来保障机构的资金安全。
- 经济环境：可能影响客户履行承诺的能力的环境。

除了5C要素外，有些金融结构会考察个人的"5W"因素对客户信用风险进行分析，5W指的是借款人即客户（Who）、借款用途（Why）、还款日期（When）、担保物（What）和如何还款/还款方式（Where），如图1.2所示。

- 客户：指客户各方面的情况，了解客户的还款能力、历史信用状况等。
- 借款用途：了解客户申请贷款的用途。
- 还款日期：搞清楚客户何时可以履行还款承诺。
- 担保物：了解客户的抵押品。
- 如何还款/还款方式：客户履行承诺的方式，如是分期还是一次性。

5P要素在信用风险评估中也经常被提及，包括个人因素（Personal factor）、资金用途因素（Purpose factor）、还款来源因素（Payment factor）、债权保障因素（Protection factor）和借款人展望因素（Perspective factor），如图1.3所示。

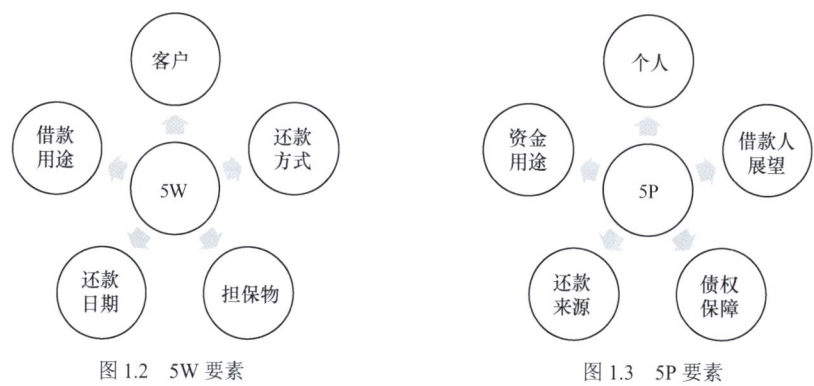

图1.2　5W要素　　　　　　　图1.3　5P要素

- 个人因素：主要考察客户的品德、还款意愿、资格等。
- 用途因素：指的是客户获取资金的用途。
- 来源因素：指机构需要考虑客户履行承诺的来源。
- 保障因素：指的是客户提供用来保障机构利益的财产等，也就是说，如果客户无法履行其承诺，那么这些财产会赔偿给机构以挽回机构的损失。
- 借款人展望因素：机构会考虑客户的未来发展，并将其纳入信用评估过程。

目前关于个人信用评分的研究很多，主要分为以下两种类型。

1）以标准数据集为基础，构造表现更好的评分模型。

2）探索使用新的特征进行信用评分。

1.3 企业信用介绍

除了个人，企业也是信用评估领域重要的主体。在金融市场中，企业与投资者之间存在信息不对称性。这种信息不对称指的是企业本身掌握比投资者更多的信息，投资者可能会因此进行错误的决策。比如，一家企业本身经营状况一般甚至很差，但是外部投资者并不清楚，当企业对外刻意隐瞒这件事时，投资者就会因为这种信息的缺失导致投资错误。此时，企业的信用分数可以为金融市场信用风险评估提供参考，降低金融市场上存在的信息不对称性。对企业的信用评估分数通常成为企业信用评级。

信用分数对企业具有重要作用，企业的信用良好意味着企业状况较好，同时良好的信用也会为企业的发展带来正向影响；相反企业的信用不良代表企业状况不佳，而不良记录会影响企业的长期发展。如企业信用良好，那么其贷款等就会比较顺利，对其后续经营等都是有利的。同时，2019年发布的《关于加快推进社会信用体系建设构建以信用为基础的新型监管机制的指导意见》强调了信用的重要性，如果一个企业具有良好的信用，那么政府是会支持和鼓励企业发展的。相反，如果企业有失信记录，政府会对其在政策上有一定的限制，同时企业的信誉也会受到影响。

由于企业信用评级也属于信用评估的范畴，因此上节中提到的5C、5W和5P也适用于企业信用评级。

在企业评级中，5C要素依然是品质、能力、资本、资产抵押和经济环境，只不过主体变成了企业。

- 品质：考查企业的历史记录，主要要求企业是可信的，能够履行承诺，并且是善于经营的。
- 能力：机构评估企业的能力，如企业的管理能力、财务状况等，此能力主要代表企业的还款能力。
- 资本：企业资本可以反映企业的实力，通常来说，拥有大量资本的企业可以获取高额的贷款。
- 资产抵押：资产抵押指的是担保物。
- 经济环境：同个人客户一样，企业履行承诺的能力可能被经济环境影响。

上述提到的5C要素和5P要素同样可以应用于企业信用评估。

企业信用通常有专门的评级机构进行评估，他们通常会全面考查企业各个层面信息，并产出一个信用值。信用评级机构是提供评级服务的中介机构，目前国际上最具权威性的评级机构分别为标准普尔、穆迪投资者服务公司（以下简称"穆迪"）和惠誉国际信用评级公司（以下简称"惠誉"）。国内有名的评级机构有中诚信国际信用评级有限公司、联合资信评估股份有限公司、大公国际资信评估有限公司等。

表1.1展示了2019年欧洲市场上典型的权威评级机构的市场份额，数据来源于European Securities and Markets Authority（ESMA）发布的 *Report on CRA Market Share Calculation*。

表 1.1 评级机构市场份额

机构	市场占有率	前一年市场占有率	与前一年相比
标准普尔	40.40%	42.09%	下降
穆迪	33.12%	33.39%	下降
惠誉	17.55%	16.62%	上升
DBRS 机构	2.99%	2.46%	上升

表中的"DBRS 机构"指的是加拿大信用评级机构 DBRS（Dominion Bond Rating Service）。

尽管评级机构的存在非常重要，但它们的价值仍然受到了一些质疑，原因有利益冲突和评级过程透明度的缺失等。

同时，关于付费方式也一直被热议。评级市场存在两种付费模式，分别是发行者付费和投资者付费。在发行者付费模式下，发行者发起评级并为之付费，因此评级机构可以更加全面地了解发行者，使得评级结果更加准确，但由于发行者付费，因此存在利益冲突问题，同时发行者可能会选择评级标准最为宽松的评级机构进行评级，造成评级结果虚高。投资者付费模式下，投资者发起评级并为之付费，可以避免上述利益冲突，但是容易出现"搭便车"现象。

虽然评级机构的价值和评级付费方式一直在被讨论，但是评级机构仍然是金融市场上重要的服务中介。

市场上虽然有一些权威的国内评级机构，但是我国的评级行业仍然需要发展和完善。与个人信用评分服务类似，关于企业信用评级的研究目前也开始探索新的特征以期望获取更加及时和准确的信用评级结果。

1.4 大数据背景下的信用评估

近年来，信息技术迅猛发展，许多活动从线下发展到线上，比如金融交易，就早已经渗透到人们的日常生活中，这些金融交易还包括财富管理委托和保险买卖等[1]，人们的生活在很大程度上受到了这些从线下到线上的变化的影响。

金融是受信息技术影响的一个重要领域。在过去十几年中，随着技术的进步和生活水平的提高，在金融信息技术应用领域受到了广泛关注[2]。连极少涉足科技领域的沃伦·巴菲特，也在金融科技领域投资了数百万美元。

金融科技（FinTech，Financial Technology）的概念是伴随着这一变革而产生的。此外，这种变革为金融机构提供了新的解决方案。

本书就是在金融科技不断发展的背景下对信用评估进行探索，以技术手段解决现阶段信用评估中存在的问题。随着互联网金融的发展，传统的金融公司也开始在网上拓展业务，在这个过程中，与传统的金融交易相同，信用评估是非常重要的一环。

传统的金融公司在进行信用评估时，会与客户面对面沟通，这种沟通方式可以缩小双方的信息不对称。然而，尽管金融科技公司掌握了许多有关客户的线下信息，公司却仍在网上进行与他们的交易，甚至不在线下与客户联系。

与此同时，另一个不同之处在于，金融科技模式的出现允许金融公司利用各种形式的信息和技术来促进创新。因此，基于金融科技的背景，许多研究和行业致力于金融应用，以提高金融领域服务的效率和有效性。尽管金融科技很受欢迎，但如何在应用程序中恰当地应用技术仍是学术界和业界探讨的课题。

1.4.1 金融科技

金融科技是指在信息技术飞速发展的背景下应用于金融领域的技术[2]。事实上，金融科技可以看作金融领域的新模式，它采用技术来服务与强化金融业务。

金融稳定理事会（Financial Stability Board，FSB）在2016年指出金融科技是技术驱动的金融创新。

"The FSB defines FinTech as technologically enabled innovation in financial services that could result in new business models, applications, processes or products with an associated material effect on financial markets and institutions and the provision of financial services. FinTech innovations are affecting many different areas of financial services."

近年来，有关金融科技的讨论越来越多，图1.4展示了全球范围内谷歌上的搜索词FinTech的搜索指数，从图中可以看到2015年以来有关金融科技的关注度逐年提升。

图1.5展示了百度搜索上FinTech的搜索指数，2015年后金融科技的搜索指数同样也逐步上升，虽然中间有一定的波动，但在2017年达到高峰，近年来FinTech的搜索也一直维持着一定的热度。

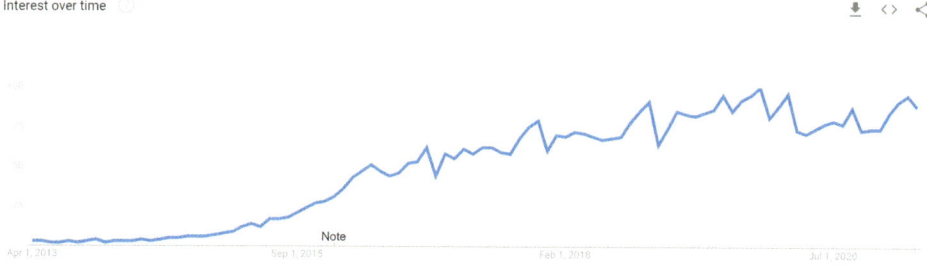

图 1.4 近年来搜索词 FinTech 的搜索指数（谷歌）

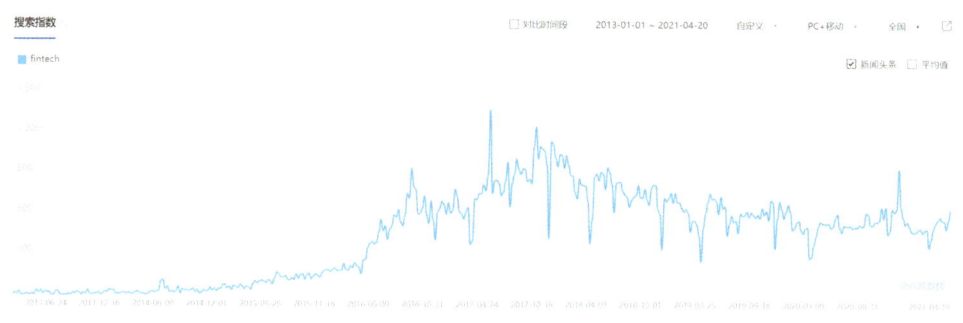

图 1.5 近年来搜索词 FinTech 搜索指数（百度）

信息技术的发展催生了大量关于 FinTech 的研究，涵盖了不同的研究主题，从应用技术，如云计算和移动互联网[3]，到成熟的金融活动，如众筹[2]。在过去的十年中，金融科技受到了业界和学者的广泛关注。Zavolokina 等（2019）[1]指出了 FinTech 的意义和挑战，并为信息系统学者展示了 FinTech 的潜在研究课题。

FinTech 分为若干部分，包括替代的贷款形式、数字支付、区块链和虚拟货币、财务规划以及数据和技术生态系统[2,4]。许多金融公司已经转型为基于金融科技的机构，Haddad 和 Hornuf（2019）[5]讨论了金融科技初创企业现象的决定因素。此外，也有一些关于金融科技初创企业对现有银行影响的研究[6]。

现有大量关于金融科技的研究，这些研究涵盖了不同的主题。例如，在线众筹领域采用社会证明和资本积累来解释筹款结果[7]。比特币的出现也引起了金融系统、信息系统（Information System）研究的广泛关注，[8]并从情感的角度研究了社交媒体信息对比特币价值的影响。

图 1.6 展示了通过 Google Scholar（谷歌学术）获得的关键字为"FinTech"的结果数量为 71600。

1.4 大数据背景下的信用评估

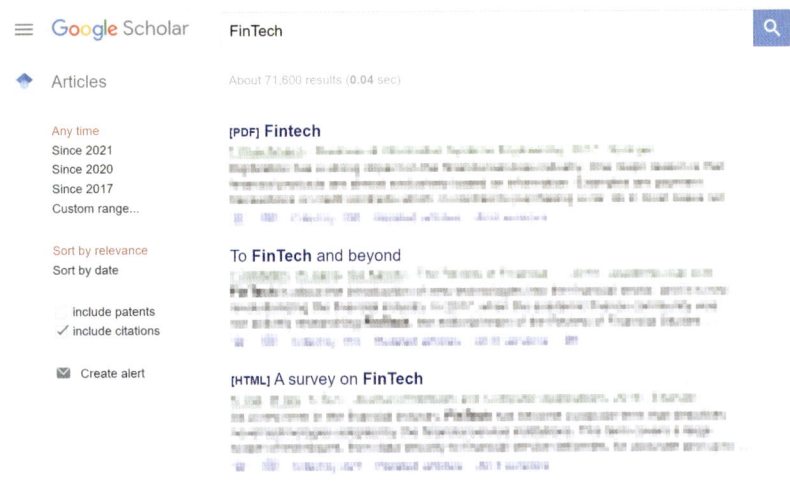

图 1.6　Google Scholar 的 FinTech 搜索结果

2019 年 9 月 6 日，中国人民银行印发《金融科技（FinTech）发展规划（2019—2021 年）》，该规划明确指出金融科技发展趋势、发展目标、重点任务和保障措施，其中包括如下 27 项任务。

1．加强统筹规划。

2．优化体制机制。

3．加强人才队伍建设。

4．科学规划运用大数据。

5．合理布局云计算。

6．稳步应用人工智能。

7．加强分布式数据库研发应用。

8．健全网络身份认证体系。

9．拓宽金融服务渠道。

10．完善金融产品供给。

11．提升金融服务效率。

12．增强金融惠民服务能力。

13．优化企业信贷融资服务。

14．加大科技赋能支付服务力度。

15．提升金融业务风险防范能力。

16．加强金融网络安全风险管控。

17. 加大金融信息保护力度。
18. 做好新技术金融应用风险防范。
19. 建立金融科技监管基本规则体系。
20. 加强监管协调性。
21. 提升穿透式监管能力。
22. 建立健全创新管理机制。
23. 加强金融科技联合攻关。
24. 推动强化法律法规建设。
25. 增强信用服务支撑作用。
26. 推进标准化工作。
27. 强化金融消费者权益保护。

金融科技在很大程度上通过信息技术手段改变了传统的金融业，但仍然保留着金融业的一些基本属性。在金融科技背景下，经常会探讨以下两种情况。

首先，在金融科技驱动下，一些新的金融活动应运而生，如区块链、众筹等。这些新的金融活动具有不同于传统金融活动的鲜明特征，因此，在这些新的活动下出现了新的问题，引起了学术界和产业界的关注。比如刚刚提及的众筹，众筹平台可能关注的一个问题就是众筹项目的成功率，因此新项目能否成功或成功的概率就成为研究的问题。

其次，互联网使得传统金融服务可以在线上进行，同时互联网整合了不同来源的客户信息这一特点，使金融机构能够以更便捷的方式利用所有相关信息，这为金融服务提供了新的解决思路。本书主要探讨的是金融科技背景下的这种情形，聚焦于金融领域一直以来关心的信用评估问题，以期带来一些新的解决方案，以适应金融科技的发展。

1.4.2 大数据背景下的信用服务

随着互联网的发展，金融机构的各项服务从线下逐渐扩展到线上，甚至有一些金融机构完全提供线上服务。

金融科技是金融领域的一种新模式，从该角度去看金融领域里的信用评估问题，则可以落脚到如何应用技术服务于信用评分上。上文已经探讨到关于信用评估的研究和思考可以分为两类，具体到信用评估问题上，则一类是如何利用先进的模型提升信用预测的准确率，另一类是通过引入新的特征来增强信用评分服务。

回顾一下信用评估问题，无论是对个人信用还是企业信用，机构进行评分或者评级的过程实际就是逐步了解客户（个人/企业）的过程，互联网技术的发展与应用不仅改变了金融领域，也改变了机构了解这些客户的途径。传统的个人信用评估通过对个人客户上传的资料进行详细审查，传统的企业信用评级需要去考查企业的各个层面，加深对企业信用风险的了解。互联网的出现为信用评估领域带来了新的机遇。互联网上包含海量数据，可以称为大数据（Big Data）。大数据是近年来的热门概念，通常从 5V 去描述其特点。图 1.7 展示了大数据的 5 个特点。

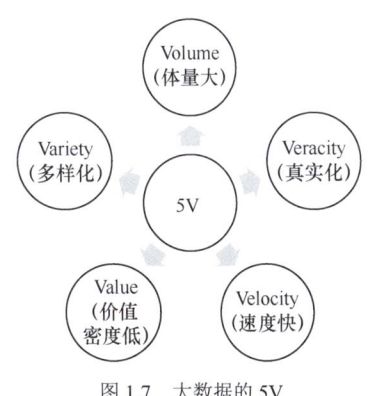

图 1.7　大数据的 5V

大数据是重要的信息资产，但是大数据背景下的信用评估究竟如何理解呢？

对于个人信用评估来说，传统信用评分是通过个人基本资料（如收入等）去了解一个人的信用风险。在互联网时代，个人会通过社交媒体发布内容，而这些内容事实上反映了这个人的一些特征，当面临大量的申请人，这些海量丰富的社交媒体内容为评分机构提供了有价值的信息。通过对这些内容的深度分析，从大数据中提取信用相关特征，并将其应用于信用评分中。如美国的金融科技公司 ZestFinance，以大数据与人工智能为宣传点，旨在利用人工智能提取大数据里的信息以提供更好的信用评估服务。

对于企业信用评级而言，信用评级机构希望能获取尽可能多的主体相关信息，从而尽可能准确地进行信用风险评估。这也是发行者付费相较于投资者付费的一个巨大优势，是因为在前者模式下可以更全面了解评级主体。随着互联网的发展和完善，很多企业开发了网上业务，也开始利用社交媒体进行一些宣传，利益相关者（如消费者）会通过线上平台与企业或其他利益相关者沟通。因此社交媒体会不断产生用户生成的数据（当然这些信息是与企业相关的），这些数据为评级机构了解企业提供了便于访问与获取信息的来源。

互联网发展下大数据对信用评估服务有重要意义，这些数据中包含着很多信息，到底什么样的信息才是真的对信用评估这个目标有用的呢？

1. 从哪个角度出发分析个人的社交媒体信息？
2. 从哪个层面提取关于企业的社交媒体数据？

只有解决了上述两个问题，才能够真正将大数据应用于个人信用评分和企业信用评级。

在大数据时代下的金融科技环境中，本书旨在介绍如何通过对丰富的数据进行分析,提取与信用评估相关的信息,应用于金融领域关注的信用评估中,从而提高整个金融市场的运转效率,为金融机构提供更有效的支持。

1.5 本书主要内容

本书内容以金融科技为基础,从大数据背景出发,从个人信用评分和企业信用评级两个方面入手,使用统计学、机器学习和深度学习等方法,结合相关理论,回答如下问题。

1. 从个人信用评分层面来看,现阶段个人信用评分研究的情况如何?

2. 在社交媒体飞速发展的背景下,如何利用海量个的人生成内容,并将其应用到个人信用评分中,进而进一步提高信用评分的准确性?

3. 从企业信用评级层面来看,现阶段企业信用评级研究现状如何?

4. 在企业逐步扩展在线服务业务的背景下,如何利用海量的用户生成内容,并将其应用到企业信用评级中去提高信用评级的及时性与有效性?

本书的内容框架基于上述 4 个问题构建,如图 1.8 所示。

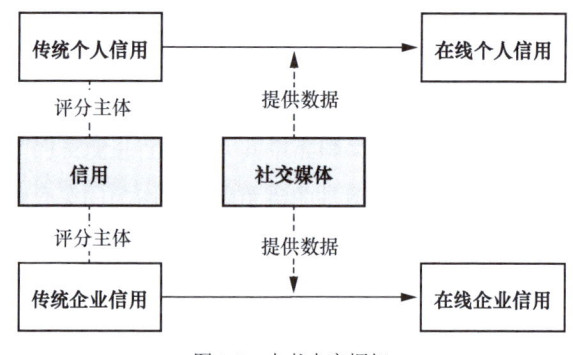

图 1.8 本书内容框架

本书的具体内容安排如下。

第 2 章和第 3 章关注个人信用评分领域。

第 2 章介绍了个人信用评分的研究现状,将该课题下的重要研究工作进行了梳理,针对现阶段的研究内容,以两个标准数据集为基础,应用统计方法与机器学习两类模型进行个人信用评分,比较不同模型在两个数据集下的表现,最后对不同模型的表现进行了总结。

第 3 章在第 2 章基础上引入了客户的个人社交媒体数据,分析个人在社交媒体平台上发布的文本内容,通过文本内容使用文本模型获取个人的人格特质,并将提取出来的人格特质纳入信用评分模型中，提出了一种新的信用评分模型。另外，为了弥补现阶段深度学习模型解释力弱的不足，此部分将可解释模块嵌入深度神经网络输出层，基于此，该模型可以获取个人信用评分中使用到的特征重要性，为客户提供相应的解释。

第4章和第5章关注企业信用评级领域。

第4章回顾了企业信用评级相关研究，介绍了信用评级及评级机构的历史，从公开数据集出发，应用不同的模型进行企业信用评级。同时，还比较了不同的特征选择算法，在特征选择后再次进行企业信用评级，最后总结不同模型的表现和特征选择前后的评级结果的区别。

第5章同样研究企业信用评级，指出现阶段使用新特征的必要性。从社交媒体出发，分析海量用户关于企业的生成数据，从文本和图片两个角度切入，提取两个模态下的情绪信息，并将情绪信息应用于企业信用评级。本章中提出用一种基于标准隐含狄利克雷分布的新型模型来提取文本中蕴含的情绪信息，同时利用深度学习模型提取图片中包含的情绪信息，另外还比较了不同模态为信用评级带来的信息量。

第6章对全书内容进行总结，总结了本书内容的实践价值，同时指出了现阶段存在的一些局限性，并提出了今后的研究方向。

从学术角度来看，本书以大数据为背景，提出了新的特征，并应用于信用评估过程，因此本书所介绍的内容有如下理论意义。

1. 本书总结和回顾了现阶段关于个人信用评分和企业信用评级的研究，加深了读者对金融科技环境下信用评估的理解和认知。

2. 本书提出了一种基于人格特质的个人信用评分框架。从个人产生的大量社交媒体数据出发，利用客户的文本内容进行人格特质检测，并根据检测结果进行个人信用评分，该部分是对传统个人信用评分的一种拓展，是个人信用评分相关研究的补充，同时，纳入可解释模块的深度神经网络为个人信用评分结果提供了一种可视化的方式，弥补了深度学习缺乏解释性的不足，为后续研究提供了新的思路。

3. 本书从两个模态出发，利用社交媒体上海量的用户生成内容，提取其包含的情绪信息，并应用于企业信用评级，首先该内容了补充了多模态数据应用的理解，其次补充了企业信用评级相关研究，然后提出的情绪隐含狄利克雷模型是主题模型的一种扩展，也丰富了情绪分析的相关研究。

从实践角度来看，信用评估是金融领域的重要课题。本书的内容对金融领域有重要的实践指导作用。

1. 为个人信用评分和企业信用评级提供了新思路。社交媒体的飞速发展为金融机构带来了海量的数据,在大数据背景下,如何应用海量用户生成内容并从中提取有效信息是一个难点。本书为金融科技背景下金融机构提供了新的解题思路,引入了新的信用评估变量,有利于市场的有效运作。

2．本书提出了基于人格特质的信用评分框架纳入了可解释模块,弥补了深度学习在实践时由于缺乏解释性而导致应用困难的不足,深入分析个人客户,加深金融机构对个人客户的了解,提高信用评分准确性。

3．本书提出了基于多模态社交媒体数据的企业信用评级框架,充分利用了社交媒体数据,为业界信用评级机构进行企业信用评估提供了新思路,可弥补现阶段信用评级更新不及时的缺点,提高市场上企业风险参考数据的及时性和有效性。

整体来看,大数据时代下,无论是个人还是企业纷纷投身于社交媒体。社交媒体上的用户生成内容为金融带来了新的机遇,传统信用评分方式已经无法满足不断变化的金融市场,因此利用在线数据进行信用评分很有必要。信用风险评估是金融市场的研究热点,随着信息技术的发展,信用评估机构越来越关注在线大数据,尤其是社交媒体数据对信用风险预测的影响。目前市场上缺乏利用在线大数据进行信用评估并且总结现阶段信用评估技术及其发展的图书。本书从个人信用评分与企业信用评级两个角度出发,通过对传统信用评估进行梳理,并将在线社交媒体数据引入信用评估中,利用机器学习及深度学习进行信用风险预测,为读者提供大数据时代金融业发展的新思路。

第 2 章

传统个人信用评分

2.1 个人信用概述

2.2 相关工作总结

2.3 信用评分方法介绍

2.4 信用评分模型构建

2.5 本章小结

个人信用评分指的是信用评估机构对个人信用进行分析，现有关于个人信用评分的研究非常丰富，如很多学者通过机器学习的方式对个人信用进行建模。

本章将介绍个人信用评分的历史及研究现状。

同时，本章将利用两个标准数据集，通过不同的模型，包括统计学模型和机器学习模型，对个人信用进行评估。

2.1 个人信用概述

信用的概念已经存在了 3000 多年，信用通常被定义为一种合同协议，借款方在现阶段获得一些有价值的东西，并同意在以后的某个日期偿还给贷款人。

信用主体包括个人消费者和组织。对其中的个人消费者进行信用评分是商业银行或其他金融机构（以下简称金融机构）对个人消费者做出的关键决定之一，而这个决定基本上可以归结为一个二进制分类问题，其目的是区分信用良好者和信用不良者。

Durand（杜兰德）是第一个指出金融机构可以采取分类的技术区分贷款状况的研究人员[9]。与此同时，金融机构面临着关于信用管理的困境。那时的信用分析员需要利用一些知识根据一些信息去判断个人的信用状况，以决定是否同意贷款请求。但是，具备这部分知识的信用分析员是很紧缺的。因此，公司会要求分析员写下他们进行决策的经验准则，然后一些非专业的人员可以根据这些经验准则去判断申请人的信用状况，比如专家系统可以用来进行该项任务。

在 20 世纪 60 年代晚期，信用卡的出现让金融机构更加认识到信用评分的重要性。无论从经济效益角度还是人力资源角度，每天大规模的信用卡申请使得之前的人工信用评估流程变得不够现实，在这个背景下，信用评分的自动化就变得很重要。

一些学者开始比较信用评分和人为判断信用两者的优缺点。

一方面，学者们指出信用评分相比人为判断信用的优点：

首先，由于信用评分模型考虑了与还款表现有统计学上相关关系的变量，而人为判断模型决策中涉及的变量并没有统计学意义，因此信用评分只需要相对较少的信息就可以做决定。另外，信用评分模型实际上是考虑所有的个人消费者（即申请人），即假设所有人的申请被接受后是否会如期还款，而不局限于那些通过信用评估的申请人，但人为判断模型通常基于那些已经被接受但是随后违约的申请人信息。

其次，信用评分模型在训练过程中可以接受的样本量要大得多，同时相比于人为判断模型，信用评分模型可以更客观，其考虑了变量与还款行为之间的相关性。而人为判断模型依赖于信用分析师，他们使用到的特征可能没有被客观地评估，也无法判断特征与还款情况的相关性。

最后，信用评分模型可以轻松地分析重复数据，但是在人为判断模型里，信用分析师需要重新评估这些数据[10]。

有报告指出了自动信用评分方法的有效性：自动化信用评分的结果比其他人工判断方式的更佳，违约率也降低了50%甚至更多。一些学者还总结了信用评分系统的其他优点，比如节省了大量时间，减少了评估成本等[10]。

但也有一些相反的观点，比如Capon（1982）[11]认为"信用评分中的强烈经验主义违背了我们社会的传统"，他指出信用评分需要更多的历史信用信息，也需要解释清楚为什么信用评分考虑了某些因素而舍弃了其他某些因素。信用评分模型用到了个人消费者的多个特征，而这些特征不一定能够能证明与其还款情况有相关关系。同时，信用良好的客户可能由于具备某些与信用不良的客户相似的特征导致分类错误问题。这种情况是由于信用评分模型只考虑了部分特征，而非全部特征引起的。但是，一个信用评分模型包含消费者所有的信息又不太现实。

尽管有两种不同的观点，1975年美国还是通过了《同等信用机会法案》(The Equal Credit Opportunity Acts)。这个法案的通过意味着接受了信用评分可以用来进行借贷决策。在20世纪80年代，信用卡业务领域里信用评分的成功使得信用评分逐渐被应用到商业银行的其他业务中，比如个人贷款。与此同时，技术的发展使得更多先进的算法可以应用于信用评分中。初始在20世纪80年代，信用评分系统主要使用逻辑回归和其他线性模型。近年来，机器学习，如神经网络和支持向量机等，慢慢被应用到信用评分系统中。

对自动信用评分的研究已经进行了几十年[11-13]。相比于前文中提到的人为信用判断，自动化的信用评分的优点是，成本更低，过程更快，结果更客观[14]。有效的信用评分方法可以为金融机构降低风险，进而带来巨大的经济收益。比如对于银行机构来说，贷款业务通常是信用风险的主要来源。贷款的惯例是通过信用良好的人的申请、试想一下，如果信用评分方法不够有效导致银行机构大量拒绝良好信用的客户而接受信用欠缺的客户，那么会为银行机构带来致命的打击。

在这种背景下，业界和学术界纷纷开始关注如何提升信用评分模型的表现。其中机器学习以优越的表现被广泛应用于个人信用评分，成为该领域的一个重大突破。随着技术的发展，深度学习的出现为个人信用评分带来新的机遇。

2.2 相关工作总结

2.2.1 关于个人信用评分

信用风险评估问题是金融领域的一个重要问题,其目的在于区分优质的和不良的申请人。信用评估是金融机构信用管理的一个重要过程,包括收集信息、分析信息及决策。对于商业银行来说,贷款业务是它们的主要利润来源,而信用评估决定了银行贷款的质量。个人信用评分可以看作金融机构去评估个人信用的过程。

使用信用评分系统是银行或其他金融机构评估贷款申请人的一种实用方法。在使用信用评分系统之前,需要检查信用报告和历史等信息,检查贷款是否可以批准,这需要较长的时间。贷款的自动信用评分方法的过程可以更便宜,更快和更客观[14]。个人或公司只提供需要输入评分模型的信息,信息与决策之间的相关性可以以公平的方式明确呈现。大多数信用评分系统可以提供这样一个分数,即申请人的分数越高,申请人违约的风险越小,并且应该设置一个底线分数,供银行接受或拒绝贷款请求[11,13]。

与穆迪等外部信用风险度量公司不同,美国的信用评级体系中的内部信用风险度量体系更加私化,由银行人员处理,目的是发放贷款、分析投资组合,以及更好地管理风险[12]。对小企业来说,信用评分系统对其借贷有影响[13]。对于个人而言,信用评分系统的表现在不同的情况下是不同的,例如,借款人违约的概率随着宏观经济状况的变化而波动[15]。同时,现金流可以反映经济状况,宏观经济衰退会导致信用风险增加从而违约的概率变大[16]。在小额信贷领域,信用评分是用来帮助作出贷款审批决定的工具[17]。

信用风险的度量不仅适用于贷款,也广泛应用于投资组合[18]。金融机构评估四种风险,即交易对手违约风险、交易对手迁移风险、投资组合的违约风险和投资组合的迁移风险[19]。实际上,在进行信用风险建模时,如果仅使用贷款申请人的数据,就会出现样本选择偏差现象[20]。

信用评分系统的出现是为了自动扫描申请人的信息。实际上,在对申请人的信用建模时,不同的国家有各自的限制。信用评分系统的质量对银行业务至关重要[21]。通过信用风险评估,可以对贷款产品进行定价。同时,如果信用评分模型预测能力较弱,就会导致损失大,效益低。

2.2.2 个人信用评分研究现状

为了信用评估更有效率，世界和学术界已经研究了信用评分模型。传统的信用评分考虑了消费者的 5 个方面（5C），即品质、能力、资本、资产抵押情况和经济环境[22]。在传统的业务领域中，对于个人贷款，应该考虑月收入、从事同一职业的时间、贷款历史、银行账户信息、个人房产状况等因素，以对申请人的信用进行评分。在评分系统建模的开始阶段，有 50～60 个因素在考虑范围内，但是，根据最大的信用评估公司之一的 Fair Issac 的模型来看，最佳预测 8 到 12 个变量[14]。

随着技术的进步，很多信息可以被获取和存储，因此对小企业也采用信用评分来评估贷款申请。足够的数据对于构建适当的小企业贷款信用评分系统至关重要。一些大型银行可以调用其数据库中的历史贷款数据应用到其专有系统中。而由于历史数据有限，相对较小的银行则转向信用评分系统提供商。小型银行在考虑企业业务、企业当前财务状况及历史信用等因素时，会考虑企业所有者的数据，例如收入、资产净值、历史贷款状况和财务状况等。除了 Fair Issac 开发的第一个小企业信用评分系统外，Experian 等公司还开发了一些类似的产品[23]。与小型银行不同，大型银行贷款对公司的所有者关心较少，对债券的考虑更多[14]。

以前的研究强调标准信用数据集上的模型。传统方法论模型，例如 logit 模型和 probit 模型，以及较新的模型，例如 KMV 可用于信用评估[24]。随着技术的发展，信用评估采用了统计方法、数学编程和神经网络[25]。信用评估方法[10]包括传统的统计模型和机器学习，传统的统计模型有朴素的贝叶斯、逻辑回归和判别分析等，而机器学习方法则有决策树、神经网络和支持向量机等。

有关银行或其他传统渠道中信用评分的许多研究更多地集中在特征的选择和模型转换上，以期望获得更好的分类结果。在传统的信用评分研究中，德国信用数据集是信用评分使用最广泛的标准数据集之一。不同的数据集包含不同的信用评估功能。德国信用数据集有 20 个信用评分因素，包括支票账户、信贷记录、储蓄账户、当前工作等。其他数据集还考虑了婚姻状况和教育程度等。此外，一些数据集将购货发票金额纳入信用评分模型。而且，这些研究强调了用这些标准信用数据集对信用评分模型的改进。神经网络是流行的信用评分方法之一[26,27]。为了获得更好的评分结果准确性，一些研究采用了基于神经网络的一些修改方法[28,29]。此外，支持向量机（SVM）成为解决分类问题普遍采用的模型，标准的 SVM 和相应的混合模型被应用于信用评估领域[30,31]，其他常用的分类模型，如朴素贝叶斯动态模型也被应用于信用评分中[32]。

West（2000）[26]使用5种类型的神经网络与德国和澳大利亚的信用数据集来构建信用评分模型。与传统的信用评分方法如通过线性判别分析（LDA）相比，神经网络可以带来更准确的结果。此外，传统方法中的逻辑回归是信用评分的好选择。

Lee 等（2002）[28]提出了一个混合的两阶段模型，结合了神经网络和判别分析方法进行信用评分。判别分析有助于构建统计基础，有助于提高神经网络的信用评分准确性。

Baesens 等（2003）[27]认为，先前的许多研究集中在信用评分结果的准确性上，没有对工具进行解释。他们将神经网络中的三个规则提取与现实世界中的三个信用相关数据集进行了比较，结果表明神经网络中的规则提取可用于信用评分。

Ong 等（2005）[33]利用遗传程序来评估申请人的信誉。澳大利亚和德国的数据集用于验证遗传程序设计的有效性，结果表明 GP 算法的性能优于统计方法和其他广泛使用的模型，例如神经网络。

Huang 等（2007）[30]强调了支持向量机模型在信用评分领域的应用。支持向量机模型在两个常用的 UCI 信用数据集上与其他广泛使用的分类模型（如神经网络）有相似的预测精度，该研究为了实现更好的特征选择和参数优化，提出了一种结合遗传算法和支持向量机的混合模型。

Mavri 等（2008）[34]动态估计申请人的信用风险。首先，采用逻辑回归模型在第一阶段估算信用风险，然后通过生存分析评估前一阶段批准申请人的违约概率。欧洲一家银行的数据集用于实证分析，为银行的信贷管理提供了参考。

Yu 等（2008）[29]通过具有两个公共信用数据集的神经网络的六阶段集成模型评估信用，所提出的信用评分方法具有很高的准确性。

Antonakis 和 Sfakianakis（2009）[32]专注于广泛使用的分类工具朴素贝叶斯规则，发现朴素贝叶斯规则不是正确的信用评分工具，因为该规则使用的数据集相对较小，因此不适合。但是，朴素贝叶斯有一些优势，如简单易懂。

Zhao 等（2009）[35]使用中国香港一家银行的数据集对信用卡申请人的风险类型进行建模，以获得更多收益。提出了一个动态模型来分析申请人是否会还款以及还款的数量，并且即使在偶尔拖欠的情况下该模型也可以识别低风险的申请人。结果表明，这个模型可能对信用控制有利。

Zhou 等（2009）[31]指出，许多现有的研究都忽略了用适当的参数来控制损益之间的平衡，并在此基础上将 AUC 与一种流行的分类模型支持向量机相结合，使用了两个常用的信用数据集，即德国和澳大利亚信用数据集。这个模型比传统的分类模型如决策树和线性回归表现更好。

Chuang and Huang（2010）[36]提出了一个两阶段模型，通过基于案例的推理方法来检索分类错误的案例，这些案例包含神经网络拒绝了好的申请人。使用德国信用数据集，通过该模型，可以减少分类错误。

随着技术的发展，深度学习逐渐走进学者的视野。深度学习属于机器学习的一种，利用多层网络从原始数据中去提取高维特征。大部分深度学习模型是基于人工神经网络。由于其在数据挖掘方面表现优越，逐渐被应用到个人信用评分中。常用数据集见表2.1。

表2.1 常用数据集

数据来源	信用评分因素
德国信用数据集	现有账户状态，账户的持续时间，信用历史状况，借款用途，信用额度，账户状况，现工作就业时间，可自由支配的收入，个人婚姻状况与性别，其他债务或保证金，现居住状况，财产情况，年龄，其他分期计划，房屋状况，该银行现有信贷数量，工作状况，应抚养人数，电话，是否外籍员工
澳大利亚信用数据集	信用特征已脱敏
Bene 1 数据集	唯一标识号码，贷款金额，贷款目的，贷款期限，贷款类型，个人贷款金额，储蓄账户金额，收入，就业时间，在比利时的时间，现工作情况，年龄，国籍，婚姻状况，财产状况，现有信用历史，成为银行客户的年限，抵押贷款金额，活期存款账户数量，距上次贷款以来的时间，距上次搬家的时间，家属数量，抵押情况等
欧洲某银行数据集	性别，年龄，教育程度，婚姻状况，月收入，现工作就业时间，财务信誉，自有财产，是否其他信用卡持有人，银行业务信息（如贷款、拥有银行卡类型及数量等），信用额度
中国香港某银行数据集	教育程度，居住状况，现工作就业时间，年收入，信用额度，现有信用卡的卡龄，信用卡利率

2.3 信用评分方法介绍

上文提到基于标准数据集的信用评分方法分为两大类，分别是统计学方法和机器学习，下面将分别介绍这两种方法下的常见算法。

2.3.1 统计学方法

信用评分常用的统计学方法包括朴素贝叶斯、逻辑回归模型和线性判别分析。

朴素贝叶斯（Naives Bayes，NB）

朴素贝叶斯是基于贝叶斯原理的一种分类方法。贝叶斯原理是18世纪英国数学家托马斯·贝叶斯提出的重要概率论理论，考虑"逆向概率"问题。贝叶斯方法以贝叶斯原理为基础进行数据分类，其中朴素贝叶斯是最常用的一种贝叶斯方法。

朴素贝叶斯是在贝叶斯算法的基础上做了特征之间相互条件独立的假设，这样的假设使得贝叶斯算法变得简单，同时也会损失掉一定的准确率。

假设样本集共有 m 个样本，有 K 个类别 $\{C_1, C_2, \cdots, C_K\}$，每个样本 n 个特征并对应 K 个类别中其中一个，信息可以表示为：

$$\left\{\left(x_1^{(1)}, x_2^{(1)}, \cdots, x_n^{(1)}, y_1\right), \left(x_1^{(2)}, x_2^{(2)}, \cdots, x_n^{(2)}, y_2\right), \cdots, \left(x_1^{(m)}, x_2^{(m)}, \cdots, x_n^{(m)}, y_m\right)\right\}$$

从该样本中，可以同时获取先验分布 $P(Y=C_1), P(Y=C_2), \cdots, P(Y=C_K)$ 和条件概率分布 $P(X=x|Y=C_1), P(X=x|Y=C_2), \cdots, P(X=x|Y=C_K)$，根据贝叶斯公式可以得到样本特征与类别信息的联合分布：

$$P(X, Y=C_k) = P(Y=C_k)P(X=x|Y=C_k), \ k=1,2,\cdots,K$$

其中 $P(X=x|Y=C_k) = P(X_1=x_1, X_2=x_2, \cdots, X_n=x_n|Y=C_k)$。由于朴素贝叶斯假设特征之间相互条件独立，因此

$$\begin{aligned}&P(X_1=x_1, X_2=x_2, \cdots, X_n=x_n|Y=C_k)\\&= P(X_1=x_1|Y=C_k)P(X_2=x_2|Y=C_k)\cdots P(X_n=x_n|Y=C_k)\end{aligned}$$

通过后验概率最大化来对新的样本进行分类，对于任一给定的 $x=(x_1, x_2, \cdots, x_n)$，需要计算该样本属于任一类别的概率，即 $P(C_1|x), P(C_2|x), \cdots, P(C_K|x)$，其中最大概率值的 $P(C_k|x)$ 决定了样本属于类别 k，即：

$$C = \arg\max_{k \in \{1,2,\cdots,K\}}(P(C_k|x))$$

逻辑回归模型（Logistics Regression，LR）

逻辑回归模型是一种广义线性模型，由于其相应变量取值结果能且只能有两个，因此也是离散选择模型中的一种。逻辑回归模型属于现代统计学模型中应用最广泛的模型之一。逻辑回归模型假设某一事件发生的概率服从 Logistic 分布函数。逻辑回归模型已被广泛应用于多个领域，如医疗诊断等。

逻辑回归模型与线性回归模型有一定的相似之处，其基本形式是使用 Logistic 函数将线性回归的连续值映射到了二分类空间。

首先，线性回归的公式如下：

$$z = \theta_0 + \theta_1 x_1 + \theta_2 x_2 + \theta_3 x_3 + \cdots + \theta_n x_n = \theta^T x$$

但是如果直接用线性回归去做二分类，可能出现的问题是预测值并不是 0 或者 1。逻辑回归模型可以利用 Logistics 函数将自变量的线性模型映射到（0,1）空间上。Logistics

函数，也称 Sigmoid 函数，其形式如下：

$$g(z) = \frac{1}{1+e^{-z}}$$

根据 Logistic 函数公式可以看到，当 z 趋近于无穷大时，$g(z)$ 趋近于 1；当 z 趋近于无穷小时，$g(z)$ 趋近于 0。

将线性回归的公式代入 Logistics 函数，那么逻辑回归模型的表达式为：

$$h_\theta(x) = \frac{1}{1+e^{-z}} = \frac{1}{1+e^{-\theta^T x}}$$

通过 Logistics 函数将线性回归模型的结果映射到了 0 与 1 之间，图 2.1 展示了 Logistics 函数的图形。

也就是说，$h(x)$ 的输出是介于（0,1）之间，可以理解为该样本属于某类别的概率，这样就可以为每个样本分类，其中对于每个样本属于类别 1 和类别 0 的概率分别是：

$$P(y=1|x;\theta) = h_\theta(x)$$
$$P(y=0|x;\theta) = 1 - h_\theta(x)$$

利用最大似然估计法可对上式中的参数进行估计，最大似然估计的迭代过程可以通过不同的统计软件实现。

线性判别分析（Linear Discriminant Analysis，LDA）

线性判别分析也叫 Fisher 线性判别，利用特征的现象组合去判别两个类别或者多个类别。判别分析的结果既可以用于做分类器，也可以用于在分类之前进行降维。线性判别分析的原理是将数据特征投影到低维空间上，使得同类样本的投影点尽可能接近、不同类样本的投影点尽可能远离。线性判别方法的示意见图 2.2。

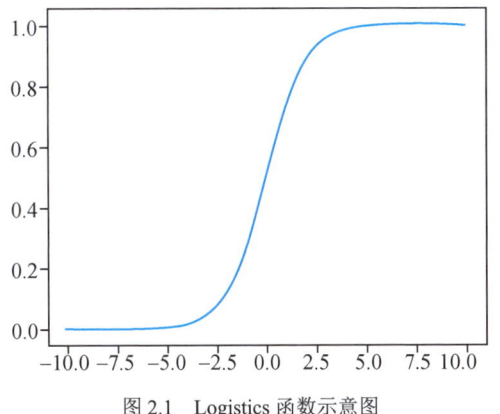

图 2.1 Logistics 函数示意图

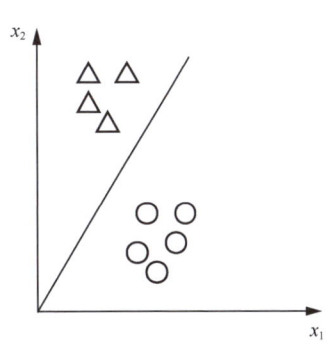

图 2.2 线性判别方法示意图

假如对于每个样本有一系列特征 **x**，判别分析就是根据这些特征 **x** 去进行判断这个样本属于哪个类别。下面我们考虑二分类的情况，给定数据集$\{(x_1,y_1),(x_2,y_2),\cdots,(x_n,y_n)\}$，为了让同类相近和异类远离，则需要满足同类样本的协方差尽可能小，同时一类样本中心点尽可能远离。

2.3.2　机器学习

1. 支持向量机（Support Vector Machine，SVM）

在机器学习中，支持向量机是一种有监督的学习方法，可以用来分析及识别数据进而进行分类与拟合。传统的分类方式实际上是以训练集样本量无穷大为基础假设，而且无论是样本本身，还是使用人工标注的方式，训练集样本量无穷大在理论上很难实现并且得到保证，所以基本分类方式在训练集邮箱的情况下并不能达到理想的分类效果。支持向量机是针对小样本分类问题的一种分类方式。

假设有 N 个样本对$\{(x_1,y_1),(x_2,y_2),\cdots,(x_n,y_n)\}$，假设样本对之间存在一种未知的联系，则需要寻求一种分类方法可以用来作出精确的预测，该问题转化为数学问题即是求一个函数 $f(x)$ 使得风险值达到最小。

$$R(w)=\int L(y,f(x))\mathrm{d}F(x,y)$$

其中 $F(x,y)$ 为联合分布的概率，$L(y,f(x))$ 表示函数 $f(x)$ 用来进行拟合样本数据时得到的损失。但是我们注意到真正的联合分布并无法得到，所以使用风险最小化准则进行估计，然而这样估计存在的问题是当经验风险最小时，并不代表期望风险最低，这样的模型泛化能力较弱，另外，模型的复杂度与特定样本训练集有关。

支持向量机是 *Cortes* 和 *Vapnik* 提出的分类方式，它能够解决结构风险最小化的问题，其主要思想是构造一个超平面或者将数据投射到高维空间甚至无限维空间，使得分类或拟合更加直观。整体来说，一个好的分类方式可以通过一个与训练集有最大间隔的平面实现，间隔越大分类器的效果就越好，分类的误差就越小。由于大多数问题在低维度空间线性不可分，在这个分类限制下，将低维度的数据投射到更高维度空间，使得数据在高维空间内更容易分割。常用支持向量机分类模型有 c-SVC 和 v-SVC。

假设给定训练向量 $x_i \in R^n$，目标结果为 $y \in R^l$，其中 $y_i \in \{1,-1\}$：

$$\min_{\omega,b,\xi}\frac{1}{2}\omega^T\omega+C\sum_{i=1}^{l}\xi_i$$

满足：$y_i(\omega^T\phi(x_i)+b) \geqslant 1-\xi_i, \xi_i \geqslant 0, i=1,\cdots,l$

其中$\phi(x_i)$将x_i投射到高维空间中，$C>0$是惩罚参数，代表对错误的分类的惩罚，ξ代表松弛变量，通常将上面的最优化问题转化为其对偶问题。

$$\min_{\alpha} \frac{1}{2}\alpha^T Q\alpha - e^T\alpha$$

满足：$y^T\alpha = 0, 0 \leq \alpha_i \leq C, i=1,\cdots,l$

其中$e = [1,1,\cdots,1]^T$，是元素全为1的向量，$Q(l \times l)$是一个半正定矩阵，而且$Q_{ij} \equiv y_i y_j K(x_i, x_j)$，其中$K(x_i, x_j) \equiv \phi(x_i)^T \phi(x_j)$是核函数。

利用对偶关系可以得到最优参数$\omega = \sum_{i=1}^{l} y_i \alpha_i \phi(x_i)$及决策函数：

$$\text{sgn}(\omega^T \phi(x) + b) = \text{sgn}\left(\sum_{i=1}^{l} y_i \alpha_i K(x_i, x) + b\right)$$

v-SVC引入了一个新的变量$v \in (0,1]$，将上述的分类问题转化为如下数学问题。

$$\min_{\omega,b,\xi} \frac{1}{2}\omega^T\omega - v\rho + \frac{1}{l}\sum_{i=1}^{l}\xi_i$$

满足：$y_i(\omega^T \phi(x_i) + b) \geq \rho - \xi_i, \xi_i \geq 0, i=1,\cdots,l, \rho \geq 0$

其对偶问题为：

$$\min_{\alpha} \frac{1}{2}\alpha^T Q\alpha$$

满足：$y^T\alpha = 0, 0 \leq \alpha_i \leq \frac{1}{l}, e^T\alpha \geq v, i=1,\cdots,l$

其中$Q_{ij} \equiv y_i y_j K(x_i, x_j)$，该对偶问题当且仅当下面公式时有解，所以可行的$v$应该是0到1之间的较小值。

$$v \leq \frac{2\min(\# y_i = +1, \# y_i = -1)}{l} \leq 1$$

最终的决策函数为：

$$\text{sgn}\left(\sum_{i=1}^{l} y_i \alpha_i K(x_i, x) + b\right)$$

2. 邻近算法（K-Nearest Neighbor，KNN）

邻近算法，也被称为K最近邻分类算法，是数据挖掘中最常用的分类算法之一，1968年由Cover和Hart提出，其中心思想是"近朱者赤，近墨者黑"。

顾名思义，该算法的原理是从数据集中选取与未知样本距离最近的K个样本，如果K个样本中的大多数属于某个类别，那么该未知样本也被判定为这个类别。KNN的算法示意如图2.3所示。

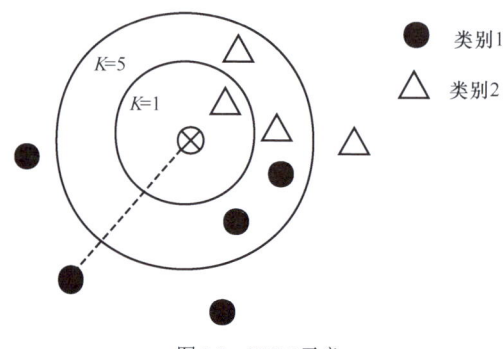

图 2.3　KNN 示意

KNN 的流程可以总结如下。

1）计算待分类样本与已分类样本中每个样本的距离。

距离的度量有很多方式，KNN 中常用的距离是欧式距离、曼哈顿距离和闵可夫斯基距离。

对于任意两个点，其特征向量为 n 维向量 x 和 y，那么两个点的欧式距离定义为：

$$D(x,y) = \sqrt{(x_1-y_1)^2 + (x_2-y_2)^2 + \cdots + (x_n-y_n)^2} = \sqrt{\sum_{i=1}^{n}(x_i-y_i)^2}$$

曼哈顿距离定义为：

$$D(x,y) = \sqrt{|x_1-y_1| + |x_2-y_2| + \cdots + |x_n-y_n|} = \sqrt{\sum_{i=1}^{n}|x_i-y_i|}$$

闵可夫斯基距离定义为（其中 p 为常数）：

$$D(x,y) = \sqrt[p]{(|x_1-y_1|)^p + (|x_2-y_2|)^p + \cdots + (|x_n-y_n|)^p} = \sqrt[p]{\sum_{i=1}^{n}(|x_i-y_i|)^p}$$

2）根据某种距离度量方式进行排序。

3）选取与当前样本距离最小的 K 个样本。

4）根据少数服从多数据的投票准则，以这 K 个样本出现频率最高的类别作为当前样本的预测类别。

3. 神经网络（Neural Network，NN）

神经网络是仿照人类神经结构，采用数学的方式表示从而对信息进行处理的一种方式。

1943 年，McCulloch 和 Pitts 将神经生物学以信息处理的方式进行数学表示，开创了神经网络研究时代。神经网络具有容错性高、并行计算与处理、分布式存储、自学习及自适应等特性，一经提出便迅速发展并且得到应用，其中误差反向传播神经网络（Error

Back Propagation Neutral Network，BPNN）是应用最广泛的神经网络之一。

BPNN 一般具有三层或者三层以上，分别为输入层、隐含层（可以有多层）、输出层，每层之间的神经元的连接都可以通过权值进行调整，同一层的神经元并无连接。

BPNN 处理信息的方式如下。

- 输入层接受外界的数据输入，并负责把数据传入隐含层。
- 隐含层将处理后的数据传递给输出层。
- 输出层比较输出结果与实际结果之间的误差，然后将该误差进行反向传播，并对各层之间的权值不停地进行修正。

将上面步骤进行重复，直到达到迭代次数或者误差在允许的范围之内。

这里以最常用的三层 BPNN 为例介绍 BPNN 的具体运算过程。假设输入数据为 $X^k = (x_1^k, x_2^k, \cdots, x_n^k)^T$，期望输出为 $Y^k = (y_1^k, y_2^k, \cdots, y_n^k)^T$；隐含层的输入为 $S^k = (s_1^k, s_2^k, \cdots, s_p^k)^T$，输出为 $B^k = (b_1^k, b_2^k, \cdots, b_p^k)^T$，各阈值为 θ；输出层的输入为 $L^k = (l_1^k, l_2^k, \cdots, l_q^k)^T$，输出为 $C^k = (c_1^k, c_2^k, \cdots, c_q^k)^T$，各阈值为 γ，其中输入层到隐含层的权值为 W，隐含层到输出层的权值为 V。

第一步：初始化该神经网络，包括权值及阈值。

第二步：随机选择一个输入值和输出值对 (X, Y)。

第三步：输入层的输出计算。由于输入层只负责传递数据，所以输入层的输入和输出是相同的，即 $X^k = (x_1^k, x_2^k, \cdots, x_n^k)^T$。

第四步：计算隐含层的输入值及输出值。

隐含层的输入是根据前一层的输出值、权值及阈值进行计算的：

$$s_j^k = \sum_{i=1}^{n} w_{ij} x_i^k - \theta_j, \quad j = 1, 2, \cdots, p$$

输出使用转移函数进行计算：

$$b_j^k = f(s_j^k), \quad j = 1, 2, \cdots, p$$

第五步：计算输出层的输入及输出。

同第四步，根据相应的权值和阈值计算输入：

$$l_t^k = \sum_{j=1}^{p} v_{jt} b_j^k - \gamma_t, \quad t = 1, 2, \cdots, q$$

使用转移函数计算输出：

$$c_t^k = f(l_t^k), \quad t = 1, 2, \cdots, q$$

第六步：根据实际输出与目标输出计算误差。

$$d_t^k = (y_t^k - c_t^k)f'(l_t^k), \quad t = 1, 2, \cdots, q$$

$$e_j^k = \left[\sum_{t=1}^q v_{jk} d_t^k\right] f'(s_j^k), \quad j = 1, 2, \cdots, q$$

第七步：将误差反向传播去修正连接的权值。

$$\Delta v_{jt} = \alpha d_t^k b_j^k, \quad j = 1, 2, \cdots, p, \quad t = 1, 2, \cdots, q$$

$$\Delta \gamma_t = \alpha d_t^k, \quad t = 1, 2, \cdots, q$$

$$\Delta w_{ij} = \beta e_j^k x_i^k, \quad i = 1, 2, \cdots, n, \quad j = 1, 2, \cdots, p$$

$$\Delta \theta_j = \beta e_j^k, \quad j = 1, 2, \cdots, p$$

第八步：随机选择另外一对输入值和输出值，从第三步开始重复步骤，直到所有数据对训练完毕。

第九步：计算训练出来的误差，如果满足设定目标，则结束训练，否则将学习的次数进行更新并与设定的学习次数进行比较，如果已经达到目标次数，则结束，否则继续训练。

4．极限学习机（Extreme Learning Machine，ELM）

极限学习机是一种相对于传统神经网络更快速的一种学习算法。

ELM 是在单隐层前反馈神经网络（Single-hidden Layer Feedforward Neutral Network，SLFN）下的一种泛化算法，SLFN 存在一些不足：训练速度较慢、易陷入局部最小点、对学习率比较敏感。而 ELM 算法可以随机生成隐含层与输入层之间的权值及神经元的阈值，在对模型进行训练的过程中，这些初始值并不需要修正，而是通过调整隐含层的神经元个数以获取最优解。SLFN 的典型结构如图 2.4 所示。

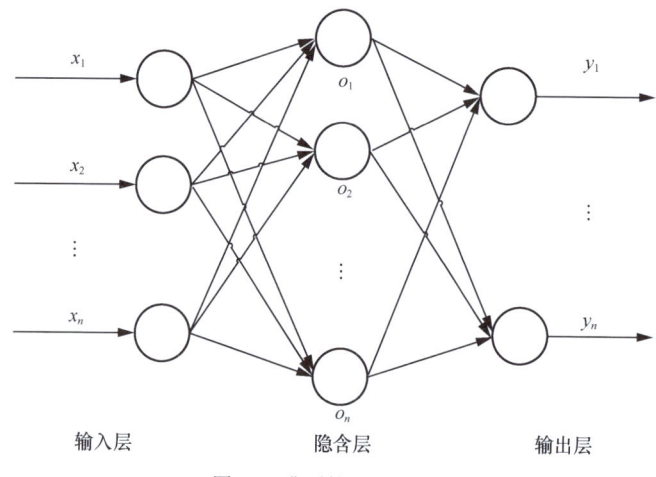

图 2.4　典型的 SLFN 结构

隐含层与输入层的连接权值及阈值都已随机设定，那么对于固定的这些值，训练得到一个合适的SLFN是需要找到一个关于隐含层和输出层的权值连接向量的最小二乘解。

ELM算法的过程如下。

第一步：随机设定隐含层与输入层的连接权值 w 及隐含层各神经元的阈值 b，选取隐含层的节点个数。

第二步：选择合适的函数作为隐含层的激活函数，然后计算隐含层的输出矩阵 H。

第三步：计算隐含层与输出层之间的权值向量 $\hat{\beta} = H^+ T'$。

事实上很多研究表明，在ELM中选择的激活函数可以是非线性的，如正弦函数和复合函数，不可微函数甚至不连续的函数也都可以作为激活函数。

5. 决策树（Decision Tree，DT）

决策树（Decision Tree）是一种使用方便且简单的分类器，是一种树状结构，构造了一种对象与对象属性之间的映射关系。可以把决策树看作是一种归类算法，它根据属性空间采用"自上而下"的方法将属性分为无交集的子集。决策树可以把每个实例看作是一棵树，根据属性从根节点开始根据实例中的属性进行分类，同时每个非叶子节点的内部节点都可以看作是对属性的一种测试，而分支就是测试之后得到的结果，最终的叶子节点代表分类的类别。决策树可以看作是一个树状的流程分类结构，图2.5所示的是决策树的结构图。

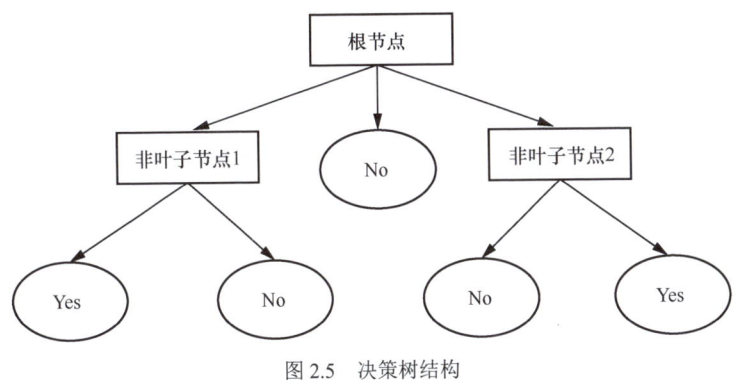

图2.5 决策树结构

基本的决策树是贪心算法，通过递归遍历的方式构造决策树。目前研究中常用的决策树生成算法有ID3（Iterative Dichotomic version 3）。ID3由Quinlan提出，他引入了互信息中的概念，并将其称为信息增益。信息增益可以用来选择属性。由于信息增益的计算基于熵的概念，所以在决策树中，一个集合的信息增益可以定义为：

$$Gain(S, A) = \sum_{v \in V(A)} \frac{|S_v|}{|S|} Entropy(S_v)$$

其中 $V(A)$ 是属性 A 的集合，S_v 是集合 S 中属性 A 上值等于 v 的子集。在此基础上，假设训练集合为 T，属性集合为 A，则 ID3 算法的步骤如下。

（1）建立一棵决策树，定义根节点为 N。

（2）遍历训练集合，如果全部属于一类，那么将 N 设为叶子节点，并标记该节点为 C 类别。

（3）遍历属性集合，如果属性集合为空，则设 N 为叶子节点；如果属性集合不为空，则计算属性的信息增益值，并且标记信息增益值最大的属性集合为 A^*，标记为根节点 N。

（4）遍历 A^* 集合，为根节点 N 建立分支，并记录下 T 中满足属性值条件的训练子集为 T_i。

（5）假设上一部训练子集为空，则将该叶子节点标记为集合中个数最多的类别，否则将 A^* 删除，返回第一步继续递归。

6. 随机森林（Random Forest，RF）

随机森林是一种集成学习的常见算法。集成学习的思想是为了避免单个模型的缺陷，整合多个模型来扬长避短。

随机森林通过在训练时构造大量的决策树来输出预测类，其中每个决策树都是一个分类器，因此对于每个样本 N 个决策树会输出 N 个分类结果，随机森林采取最简单的 Bagging 集成的策略，集成 N 个分类结果，将被预测次数最多的类别定为最终的分类结果。事实上，Bagging 是集成学习中最常用的一种集成策略，在针对分类问题的集成学习中，单个模型称为弱分类器。在 Bagging 中，弱分类器是并行产生的，因此它们之间没有依赖关系，通过集合策略来得到最终的强学习器。

随机森林构建过程如下。

（1）对于每个决策树来说，利用 Bootstraping 方法从原始数据集随机有放回采样地抽取 N 个样本，构造该决策树的训练集。随机森林需要为多个决策树构造多个训练集。

（2）对于单个决策树模型，假设训练样本的特征维度为 M，指定一个常数 $m<M$，然后随机从 M 个特征中选取 m 个子特征，那么每次决策树进行分裂时根据信息增益，从 m 个特征中选择最优的特征进行分裂。

（3）每个决策树都可以决定训练样本所属的类别，其中每个决策树生长中没有"剪枝"过程。

（4）将上述所有决策树组成随机森林，根据投票结果决定最终的分类。

随机森林的训练过程如图 2.6 所示，由于随机森林需要进行随机抽样构造不同的数据集，那么在该模型中每个基分类器（即决策树）使用的训练集不同，同时特征的随机选择可以使得决策树充分利用不同的特征。

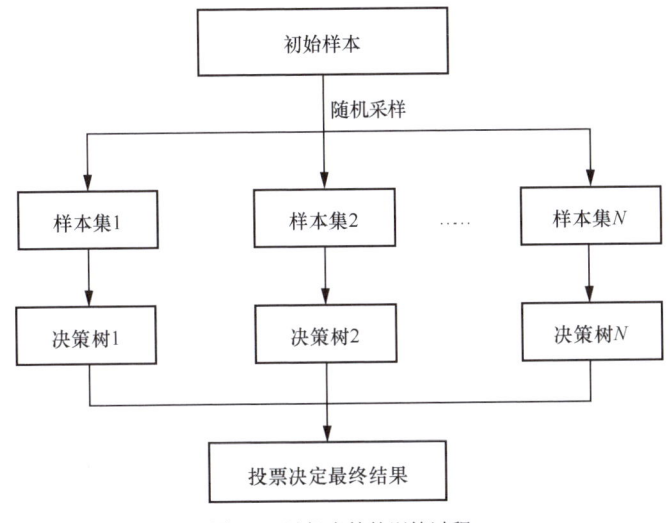

图 2.6　随机森林的训练过程

2.4　信用评分模型构建

2.4.1　数据集描述

本节将采用两个标准信用数据集进行信用评分模型构建，分别是德国信用数据集和澳大利亚信用数据集。

加州大学欧文分校（UCI）提供了一个公开数据集——德国信用数据集，该数据集包含 1000 条信用记录，每条记录被标记为良好信用或不良信用，其中前者 700 个，后者 300 个。该数据集包含 20 个变量，其中 7 个数字型信息，13 个类别型信息。表 2.2 列出了该数据集的具体信息。

表 2.2　德国信用数据集信息

编号	名称	类型	描述
属性 1	Status of existing checking account	定性	现有账户的状态 • A11：< 0 DM • A12：0 <= x <200 DM • A13：>= 200 DM / 至少一年的薪水分配 • A14：无账户

续表

编号	名称	类型	描述
属性 2	Duration in month	数值	持续时间（月）
属性 3	Credit history	定性	信用历史状况 • A30：没有信贷记录 • A31：已偿还在该银行的所有信贷 • A32：存在未到期的信贷 • A33：过去的还款有延迟 • A34：危险账户 / 其他信贷（其他银行）
属性 4	Purpose	定性	用途 • A40：汽车（新） • A41：汽车（旧） • A42：家具 / 设备 • A43：广播 / 电视 • A44：家用电器 • A45：修理 • A46：教育 • A47：度假 • A48：再培训 • A49：商业业务 • A410：其他
属性 5	Credit amount	数值	信用额
属性 6	Savings account/bonds	定性	账户状况 • A61：<100 DM • A62：100 <= x <500 DM • A63：500 <= x <1000 DM • A64：>= 1000 DM • A65：未知 / 无存款账户
属性 7	Present employment since	定性	现工作就业时间 • A71：待业 • A72：<1 年 • A73：1 <= x <4 年 • A74：4 <= x <7 年 • A75：>= 7 年
属性 8	Installment rate in percentage of disposable income	数值	可自由支配的收入

续表

编号	名称	类型	描述
属性 9	Personal status and sex	定性	个人婚姻状况和性别 • A91：男性，离婚／分居 • A92：女性，离婚／分居／已婚 • A93：男性，单身 • A94：男性，已婚／丧偶 • A95：女性，单身
属性 10	Other debtors / guarantors	定性	其他债务或保证金 • A101：无 • A102：共同申请人 • A103：担保人
属性 11	Present residence since	数值	现居住状况
属性 12	Property	定性	财产情况 • A121：不动产 • A122：如果没有 A121，那么代表存款／保险 • A123：如果没有 A121／A122，那么不是属性 6 下的汽车或其他 • A124：未知／没有财产
属性 13	Age	数值	年龄
属性 14	Other installment plans	定性	其他分期计划 • A141：银行 • A142：商店 • A143：无
属性 15	Housing	定性	房屋状况 • A151：租房 • A152：自有 • A153：免费
属性 16	Number of existing credits at this bank	数值	该银行现有信贷的数量
属性 17	Job	定性	工作状况 • A171：失业／非技术人员—无住处 • A172：非技术人员—有住处 • A173：技术人员／公务员 • A174：管理者／个体经营／高级雇员／官员
属性 18	Number of people being liable to provide maintenance for	数值	应抚养人数

续表

编号	名称	类型	描述
属性 19	Telephone	定性	电话 ● A191：无 ● A192：有，登记在申请人名下
属性 20	Foreign worker	定性	是否外籍员工 ● A201：是 ● A202：否
类别	Class		预测类别： ● 1：良好 ● 2：不良

注：DM 为 German Mark 的首字母缩写，原德国货币单位。

本节还利用了一个公开数据集——澳大利亚信用数据集，该数据集包含 690 条信用记录，其中 383 条属于负类别，307 条属于正类别。

每个样本包含 15 个属性，其中第 15 个属性为类别信息，其他属性中有 6 个是数值属性，8 个是定性类型的属性。出于对隐私的保护，该数据集并没有提供每个属性的具体描述。具体见表 2.3。

表 2.3 澳大利亚信用数据集信息

编号	名称	类型	编号	名称	类型
属性 1	0,1	定性	属性 9	1,0	定性
属性 2		数值	属性 10		数值
属性 3		数值	属性 11	1,0	定性
属性 4	1,2,3	定性	属性 12	1,2,3	定性
属性 5	1,2,3,4,5,6,7,8,9,10,11,12,13,14	定性	属性 13		数值
属性 6	1,2,3,4,5,6,7,8,9	定性	属性 14		数值
属性 7		数值	属性 15		数值
属性 8	1,0	定性	类别	Class	

2.4.2 评价指标

第一阶段模型使用的评价指标分别为：准确率（Accuracy）、精确度（Precision）、召回率（Recall）以及传统 F1 测度值（F1-measure）。这 4 个指标是机器学习领域中评价一个分类器对二分类问题进行分类预测能力的重要指标。

在二分类问题中，若假设一类为正类（Positive）、另一类为负类（Negative），放入分类器进行预测后普遍会出现4种情况，正类被正确预测为正类，即为真正类（True Positive, TP）；负类被正确预测为负类，即真负类（True Negative, TN）；正类被错误预测为负类，则为伪负类（False Negative, FN）；负类被错误地预测为正类，则是伪正类（False Positive, FP）。

表2.4总结了二分类问题中的混淆矩阵（Confusion Matrix）样例，用于对比分类预测结果与真实结果。

表2.4 混淆矩阵

		真实类别	
		正类（Positive）	负类（Negative）
预测类别	正类（Positive）	真正类（TP）	伪正类（FP）
	负类（Negative）	伪负类（FN）	真负类（TN）

准确率定义为被正确分类的样本数占总样本数之比，某种意义上是判断一个分类器是否有效的指标。对于申请人而言，该指标是指"信用好"和"信用差"被成功识别出来的比率。

$$\text{Accuracy} = \frac{TP+TN}{TP+FP+TN+FN}$$

精确度计算的是在所有被预测成正类的样本中，真正样本在其中所占的比例。在信用评分问题中，该指标衡量的是所有被评为信用好的申请人中信用真正良好的人所占的比例。精确度的值越高，说明在所有被通过的申请形成的不良贷款所占的比例越低，也就意味着金融机构未来产生坏账的情况会相应地减少。

$$\text{Precision} = \frac{TP}{TP+FP}$$

召回率，又称查全率（TP rate），指的是被正确预测为正类的样本占所有真正类的比例。在信用评分问题中，该指标反映的是被正确识别为良好信用的人占实际上所有良好信用人的比例，比例越高说明分类器错拒信用良好申请人的情况越少，意味着第一类错误（弃真错误）率越低。

$$\text{Recall} = \frac{TP}{TP+FN}$$

传统F1测度，实际上是当参数β等于1时，精确度和召回率的加权调和平均值。通常来说，在精确度和召回率之间存在一个互相制约的关系，即提高其中一个的值是以降低另一个的值为代价。因此 F1 测度是平衡精确度和召回率的一个指标，值越高说明分类器越有效。

$$F_\beta = (1+\beta^2) \cdot \frac{Precision \cdot Recall}{\beta^2 \cdot Precision + Recall}$$

$$F_1 = 2 \cdot \frac{Precision \cdot Recall}{Precision + Recall}$$

这 4 种评价指标均是数值越大说明模型效果越好。

2.4.3　模型构建

1. 数据预处理

两个数据集都包含类别信息，因此模型构建之前需要将类别处理为数字。本节采取的处理方式是独热编码（即 One-Hot 编码）。

独热编码的思想是使用 N 位状态寄存器对 N 个状态进行编码，每个状态有独立的寄存器位，在使用的时候，在任意时间，只会有一位有效。举例来说，如果有 1 个变量有 2 个类别，分别是 0 和 1，那么这两个状态需要两个状态寄存器，编码分别为 00 和 01，扩展到 3 个类别，如 0、1 和 2，那么这三个状态的编码分别是 001、010 和 100。独热编码解决了有些分类器无法处理类别属性的问题，一定程度上也扩充了特征，防止模型过拟合。但是独热编码也有一定的局限性，比如类别很多时，独热编码会很大程度上增加特征空间，造成模型的训练和预测变得困难。

当一个变量只有 2 个类别时，我们可以用 0 和 1（或者 -1 和 +1）的编码方式处理即可。

2. 数据划分

在模型构建过程，本节将采用十折交叉检验（10-fold cross-validation）的方法，即将数据集分成 10 份，每次选择其中 1 份数据作为测试集，其余 9 份作为训练集，重复 10 次后以均值作为对算法精度的估计。使用该方法的好处是可以利用所有的样本进行训练，同时可以避免随机分配训练集和测试集带来的随机性，使用交叉检验的方法对模型精度的衡量更加可靠。

2.4.4　结果分析

本节就上文提到的统计学方法和机器学习算法，利用两个公开数据集，从上述 4 种指标（准确率、精确度、召回率、F1 测度）对信用评分效果进行分析。

在德国信用数据集上的信用评分结果

德国数据集里有 20 个特征，具体信息如表 2.2 所示。

通过数据预处理共有 59 维特征及两个类别。

该实验采用了 10 折交叉检验法，表 2.5 中列出了 10 次实验的平均值。

表 2.5 信用评分结果（基于德国信用数据集）

	NB	LR	LDA	KNN	DT	RF	ELM	NN	SVC
准确率	0.6960	0.7560	0.7510	0.7300	0.6990	0.7600	0.7380	0.7330	0.7510
精确率	0.8361	0.7995	0.7981	0.7627	0.7857	0.7807	0.7693	0.7922	0.7960
召回率	0.7027	0.8685	0.8617	0.8931	0.7821	0.9118	0.8926	0.8366	0.8661
F1 测度	0.7552	0.8308	0.8269	0.8211	0.7832	0.8400	0.8247	0.8132	0.8276

下面将针对 5 种指标对不同模型的表现进行分析。

1. 准确率

对于德国信用数据集，9 种算法——NB（朴素贝叶斯）、LR（逻辑回归模型）、LDA（线性判别分析）、KNN（邻近算法）、DT（决策树）、RF（随机森林）、ELM（极限学习机）、NN（神经网络）和 SVC（支持向量机）得到的分类准确率分别为 69.60%、75.60%、75.10%、73.00%、69.90%、76.00%、73.80%、73.30% 以及 75.10%，平均值为 73.30%。

图 2.7 直观地比较不同分类算法在准确率这个评判指标上的表现。可以看出，在统计学方法组中，逻辑回归模型取得了最好的结果，线性判别分析次之，朴素贝叶斯表现最差；在机器学习组，随机森林的表现最好，但是单个决策树表现最差，集成学习（即随机森林）可以弥补单个学习器（即单个决策树）的缺点，最大化利用单个学习器的学习结果。

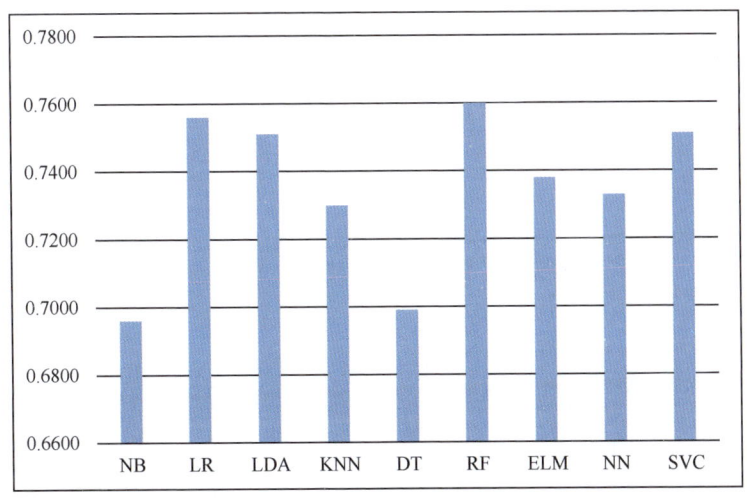

图 2.7 平均准确率（德国信用数据集）

由于采用了 10 折交叉检验法，得出的是表 2.5 中所示的 10 次实验的平均值。因此通过对 10 次实验结果画出对应的箱图，更能反映模型在不同算法下各自的表现能力以及稳定性，包括是否存在异常值、数据分布情况是相对集中还是分散等。

图 2.8 所示，虽然决策树的准确率平均值最低，但是它的稳定性很高。同时，从图中可看出，逻辑回归模型和随机森林的表现都很好，但随机森林的稳定性比逻辑回归模型更好。

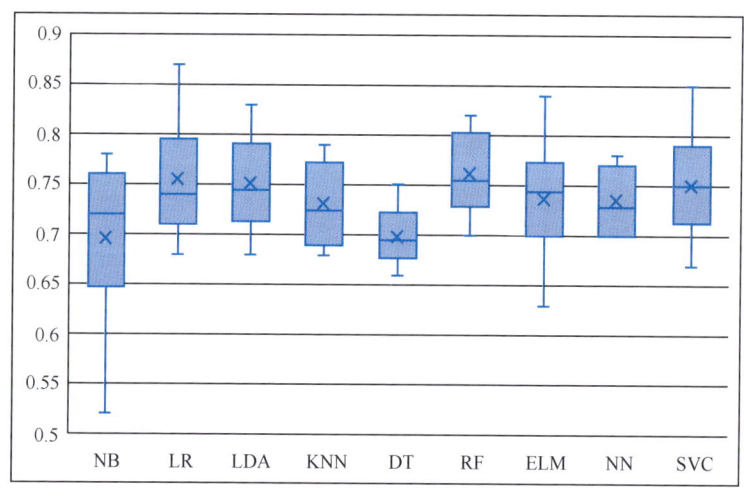

图 2.8　准确率箱图（德国信用数据集）

2. 精确度

9 种算法的分类精确度分别为 83.61%、79.95%、79.81%、76.27%、78.57%、78.07%、76.93%、79.22% 和 79.06%，平均值为 79.11%。最高的精确度由朴素贝叶斯方法取得，为 83.61%。图 2.9 直观展示了 9 种算法实验的表现。

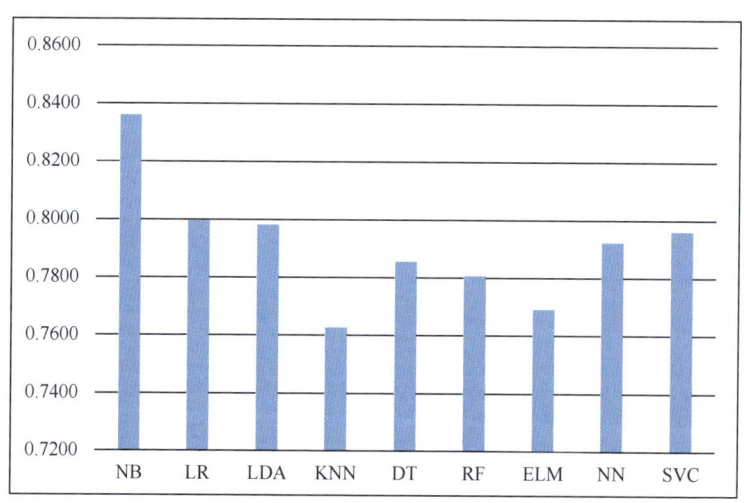

图 2.9　平均精确度（德国信用数据集）

从图 2.10 所示的箱图可以看出，在精确度这一指标上，模型的稳定性表现没有过大的差别。

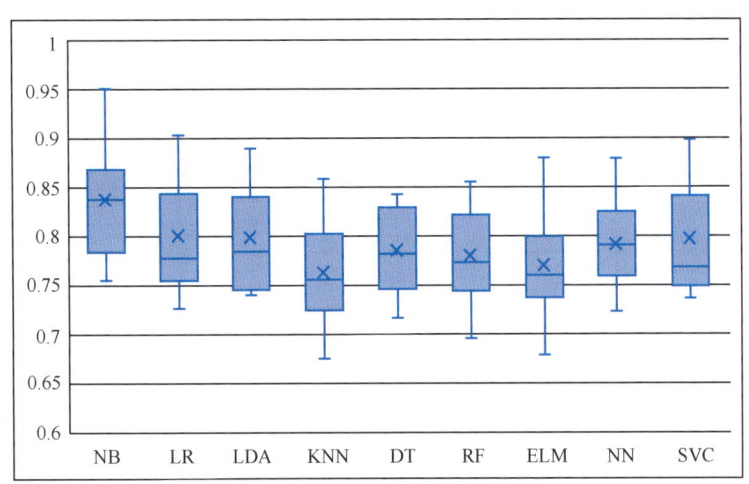

图 2.10　精确度箱图（德国信用数据集）

3. 召回率

9 种算法的召回率分别为 70.27%、86.85%、86.17%、89.31%、78.21%、91.18%、89.26%、83.66% 以及 86.61%，平均为 84.61%。随机森林取得了 91.18% 的最高值，如图 2.11 所示。

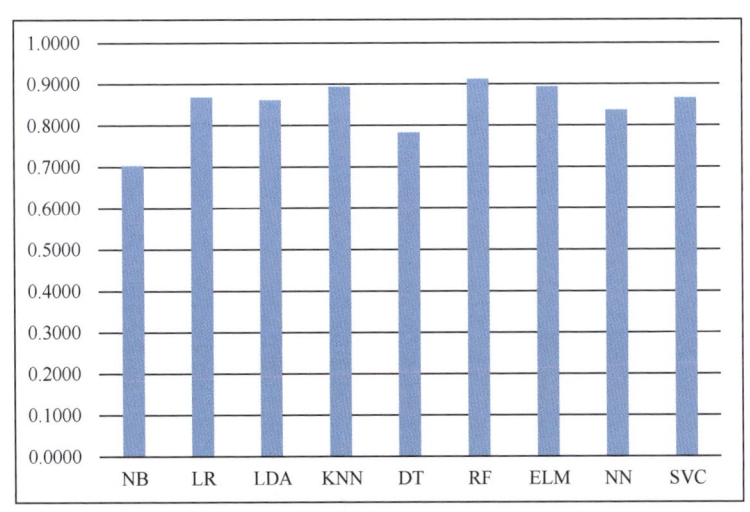

图 2.11　平均召回率（德国信用数据集）

从图 2.12 可见，朴素贝叶斯出现了 1 个极端值，并且召回率分布较分散。同时我们看到，决策树和随机森林的稳定性在召回率这个指标上依然表现很稳定，但是随机森林的整体表现更加优秀，这也体现了集成算法的优势。

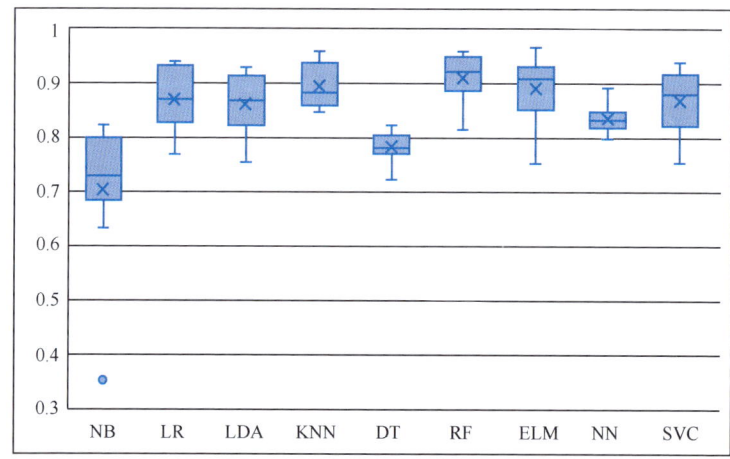

图 2.12 召回率箱图（德国信用数据集）

召回率越高意味着第一类错误（即弃真错误）越低。在信用评分问题中，100%的召回率意味着没有一个良性信用申请人被错误地拒绝。比如，商业银行的利润大部分来自于存贷差，错误拒绝良性贷款申请意味着利润的减少，当银行处于急需扩张贷款业务时，错误拒绝一个良性贷款申请的代价要大于通过一个不良贷款申请，此时，召回率越高的模型和算法用处越大。

4. 传统 F1 测度

F1 测度是对召回率与精确度的一个平衡。作为一个综合性指标，和准确率一样作为宏观的指标用来对模型效果进行评判。

9 种算法的传统 F1 测度得分分别为 75.52%、83.08%、82.69%、82.11%、78.32%、84.00%、82.47%、81.32% 和 82.76%，均值是 81.36%。其中随机森林以 84.00% 的测度值取得了第一。虽然朴素贝叶斯在精确度上表现最佳，但是在传统 F1 测度里却是表现最差的模型，如图 2.13 所示。

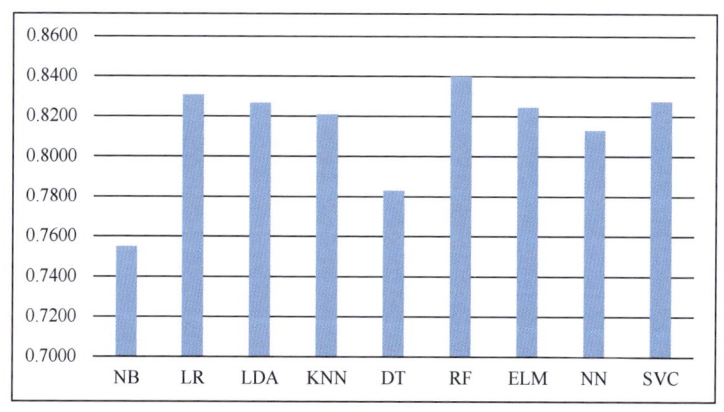

图 2.13 平均 F1 测度（德国信用数据集）

从图 2.14 看出，朴素贝叶斯有个异常值在 0.5 左右。同时，虽然有些模型（如逻辑回归模型、极限学习机）等的最优表现超过了随机森林的最优表现，但是随机森林由于其稳定性，均值在所有模型里最高。

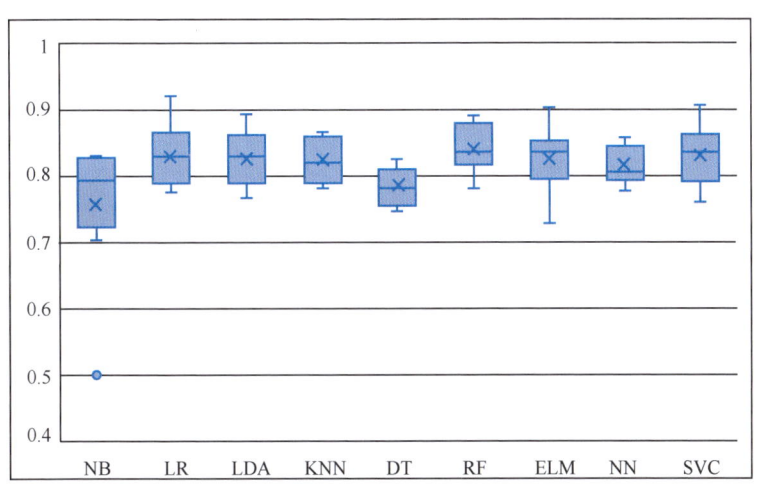

图 2.14　F1 测度箱图（德国信用数据集）

我们可以看到 9 种算法在该数据集上表现各有优缺点，比如朴素贝叶斯在精确度指标上表现最好，但是在召回率指标上表现不佳。从宏观的准确率和 F1 测度上来看，随机森林的表现最好，而作为随机森林基分类器的单个决策树表现不理想，这正验证了随机森林作为一种集成学习模型的优势。同时，需要注意该组十折交叉检验的实验里，与传统的统计学模型相比，机器学习并没有表现出明显的优势。

在澳大利亚信用数据集上的信用评分结果

同理，在澳大利亚信用数据集上，经过预处理获取了 38 维特征。

本节也采用了十折交叉检验法，表 2.6 中列出了 10 次实验的平均值。

表 2.6　信用评分结果（基于澳大利亚信用数据集）

	NB	LR	LDA	KNN	DT	RF	ELM	NN	SVC
准确率	0.7406	0.8594	0.8565	0.8580	0.8159	0.8739	0.8493	0.8478	0.8667
精确率	0.6933	0.8855	0.9243	0.8718	0.8371	0.8771	0.8978	0.8531	0.9182
召回率	0.9474	0.8525	0.8031	0.8712	0.8332	0.8956	0.8142	0.8747	0.8297
F1 测度	0.7989	0.8674	0.8578	0.8699	0.8315	0.8852	0.8525	0.8625	0.8699

1. 准确率

对于澳大利亚信用数据集，9 种算法——NB（朴素贝叶斯）、LR（逻辑回归模型）、

LDA（线性判别分析）、KNN（邻近算法）、DT（决策树）、RF（随机森林）、ELM（极限学习机）、NN（神经网络）和SVM（支持向量机）得到的分类准确率分别为74.06%、85.94%、85.65%、85.80%、81.59%、87.39%、84.93%、84.78%以及86.67%，平均值为84.09%。

图2.15展示了9种算法在准确率这个指标上的表现。可以看出，在此数据集上，朴素贝叶斯的准确率最低，其次是决策树。同样，随机森林表现最好。

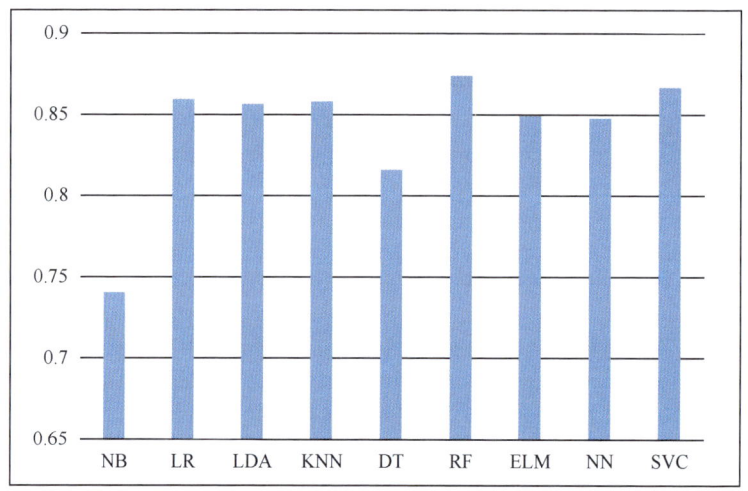

图2.15 平均准确率（澳大利亚信用数据集）

同样，利用箱线图可以直观展示不同算法的表现能力以及稳定性，如图2.16所示。可以看到支持向量机的最优表现高于随机森林的最优表现，但是由于随机森林在不同数据集上表现整体优于支持向量机，因此其准确率平均值更高。

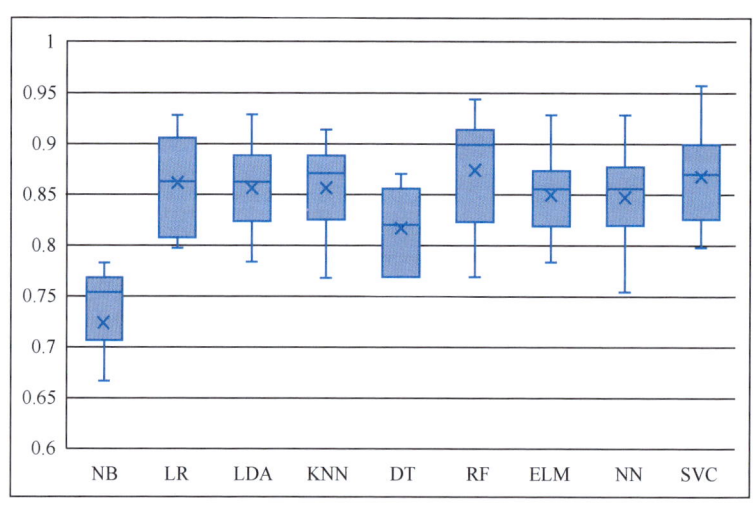

图2.16 准确率箱图（澳大利亚信用数据集）

2. 精确度

9种算法的分类精确度分别为69.33%、88.55%、92.43%、87.18%、83.71%、87.71、89.78%、85.31%和91.82%，平均值为86.20%。其中线性判别分析分类精确度最高，达到92.43%，其次支持向量机的分类精确度为91.82%，图2.17直观展示了9种算法在对比实验的表现。

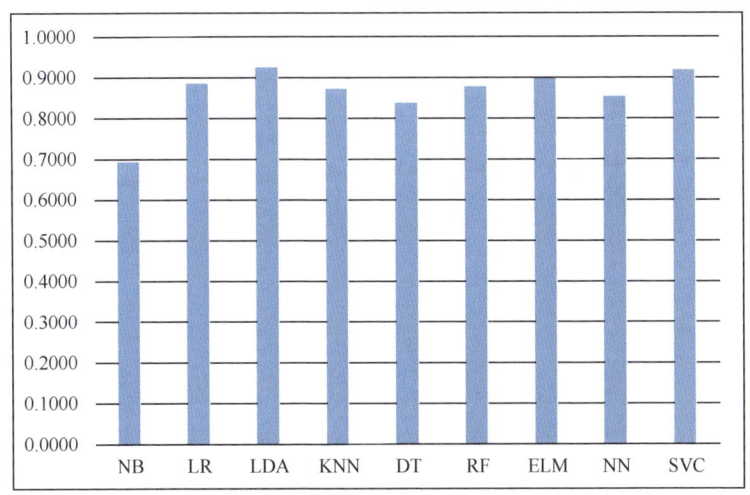

图 2.17　平均精确度（澳大利亚信用数据集）

从图2.18所示的箱图中看出，朴素贝叶斯在不同实验中表现均不佳，同时决策树虽然稳健性较高，但是最高值与最低值的差值较大。

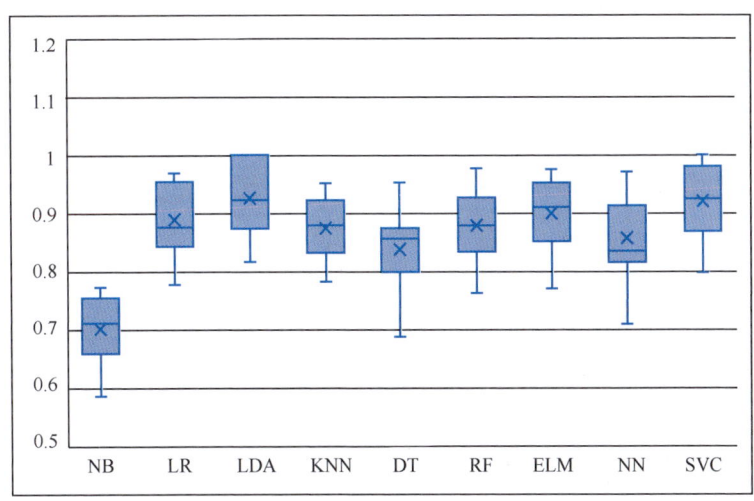

图 2.18　精确度箱图（澳大利亚信用数据集）

3. 召回率

9种算法的召回率分别为94.74%、85.25%、80.31%、87.12%、83.32%、89.56%、81.42%、87.47%和82.97%,平均值是85.80%。图2.19直观显示了精确度最高的线性判别分析在召回率上表现最差,表现最好的是朴素贝叶斯。

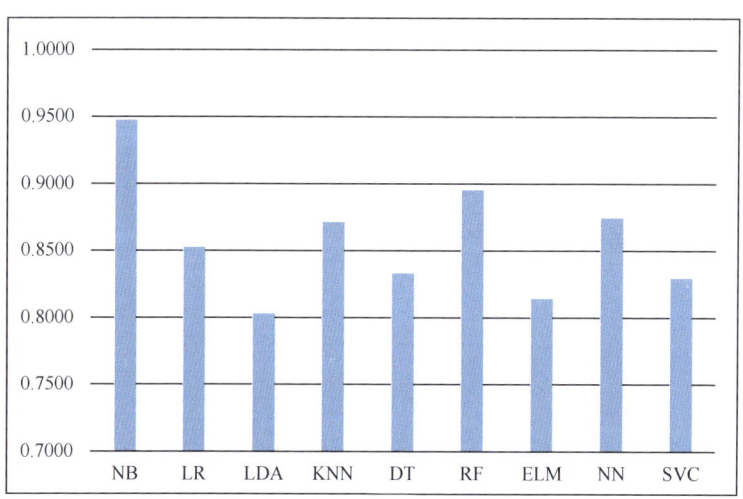

图2.19 平均召回率(澳大利亚信用数据集)

从图2.20所示的箱线图可见,邻近算法出现了一个异常值,同时可以看到朴素贝叶斯稳定性最高。

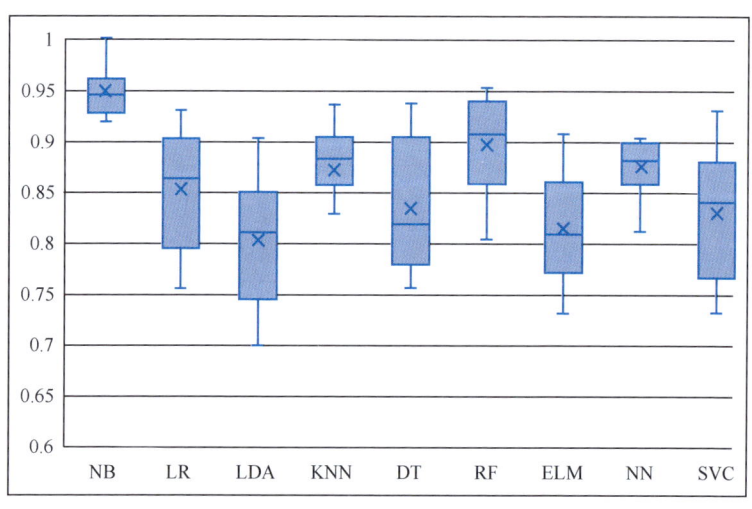

图2.20 召回率箱图(澳大利亚信用数据集)

4．传统 F1 测度

9 种算法的测度值分别为 79.89%、86.74%、85.78%、86.99%、83.15%、88.52%、85.25%、86.25% 和 86.99%，平均值为 85.51%。随机森林以 88.52% 居于第一，其次是邻近算法和支持向量机，如图 2.21 所示。

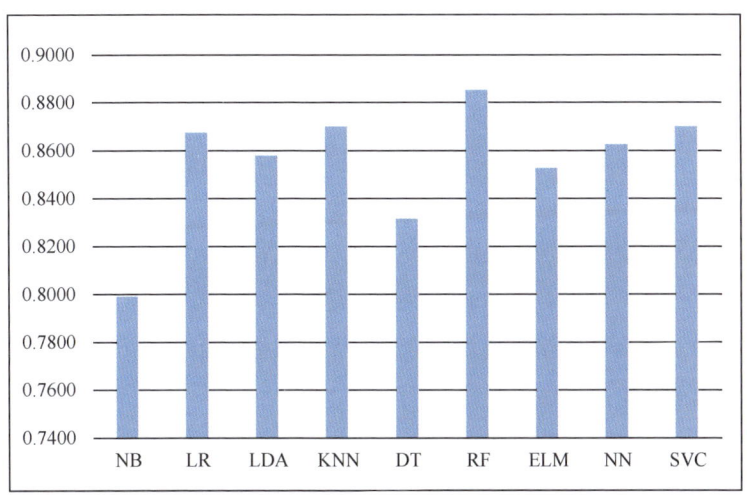

图 2.21　平均 F1 测度（澳大利亚信用数据集）

从图 2.22 可以看出，神经网络出现了一个异常值，同时可以看到使用支持向量机虽然可以获得最高的 F1 测度值，但是波动较大。

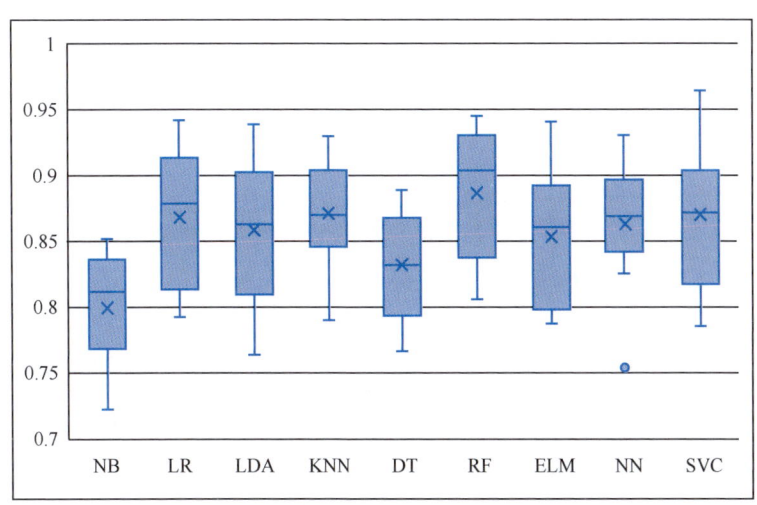

图 2.22　F1 测度箱图（澳大利亚信用数据集）

这9种算法在澳大利亚信用数据集上的表现与在德国信用数据集上的不同，各有优缺点。比如，在德国信用数据集上精确度指标评分最高的朴素贝叶斯在澳大利亚信用数据集上评分最低，并且在查全率上表现最好，同时朴素贝叶斯算法在两个数据集上的F1测度指标评分均表现不佳。而在两个数据集上，随机森林在准确率和F1测度两个指标上都表现优异，进一步证明了集成学习的优势。另外，我们仍然发现机器学习模型与传统统计学模型的表现并无显著差异。

2.5 本章小结

个人信用评分是金融领域重要的环节之一，也是很多金融业务开展的前提，而信贷业务是商业银行最重要的业务之一，也是银行最主要的盈利手段，贷款申请者作为信贷业务中的主要对象，对其信用风险的评估环节尤为关键。关于信用评分的分析和研究一直以来都是金融风险管理领域中的热点。

本章对关于信用评分的文献进行了简单的梳理，共有两种类型的模型用于提高信用评分在客观和准确上的表现，分别是统计学模型和机器学习模型。通过在两个标准信用数据集上进行信用评分模型的建构，我们比较了9种常用的算法，同时，为了保证比较的公平，本章对两个数据集采用了十折交叉检验，充分利用小规模数据。通过使用四个指标对信用评分模型的表现进行比较，其中准确率是信用评分的常用指标，用来评估模型对申请人进行正确分类的比例，精确度指的是所有判别为良性信用的申请人里真正良性的样本所占的比例，召回率是被正确预测为良性信用的样本占所有真正良性信用的比例，F1测度是精确度和召回率两个指标的综合。

实验表明，统计学模型和机器学习模型的表现相差无几，机器学习并没有在这两个数据集上表现出明显的信用评分优势。

作为一种简单的分类算法，朴素贝叶斯算法较为简单，但是无法在精确度和召回率上进行平衡，因此导致在F1测度指标上表现不佳。比如，朴素贝叶斯算法在德国信用数据集上的精确度指标评分特别高，意味着所有被判别为良好信用的申请人中不良信用的申请人所占的比例较低，因此金融机构未来可能发生坏账的情况会相应地减少，但是朴素贝叶斯算法在该数据集上的召回率指标评分特别低，这就意味着拒绝良性信用申请人的比例偏高，在这种情况下，金融机构会损失更多的良性信用用户。同时，在澳大利亚信用数据集上该算法的召回率指标评分很高，使得金融机构可以更大限度地降低拒绝良性信用申请人的可能性，但是其在精确度上表现很差，可能导致金融机构因采取该算法而面临着较高的坏账率，造成巨大的损失。相对来说，统计学模型中的逻辑回归模型和线性判别分析虽然在精确度或召回率上没有朴素贝叶斯表现优异，但是可较好地在这两个指标之间进行平衡。

在机器学习中，单个决策树的表现不如随机森林，这也说明了随机森林集成学习的优势。随机森林是多个树的组合，可以弥补用单个决策树进行决策所带来的不足，同时由于两个随机性的引入，使得随机森林不容易陷入过拟合。邻近算法、极限学习机、神经网络和支持向量机在两个信用数据集上表现并没有明显的差别，相对来说支持向量机在四个评价指标上的表现都比较稳定。

现有的文献大部分集中在如何利用不同的模型去进行信用评分，即基于新客户的信息特征判断该客户属于信用良好客户还是信用不良客户，同时金融机构会根据不同模型的表现选取最适用的模型帮助进行决策。随着技术的发展，很多金融业务从传统的线下转移到线上，同时金融机构面临着更年轻的客户，而这些客户缺乏传统的信用历史数据用来对他们进行信用评分，因此利用在线信息对客户进行信用评分变得尤其重要。

第 3 章

基于社交媒体的在线个人信用评分

3.1 个人信用评分新趋势

3.2 相关工作总结

3.3 技术基础

3.4 基于社交媒体信息的信用评分框架

3.5 实验结果

3.6 本章小结

第 2 章回顾了个人信用评分的历史，指出信用评分的重要性，总结了现有的针对信用评分的研究。同时，从两个公开的信用数据集出发，利用了统计学和机器学习领域多种算法进行建模，验证了模型的有效性。

本章将探讨如何应用个性特征进行个人信用评分。社交媒体出现与普及为金融领域提供了前所未有的机遇，但现有的研究在挖掘社交媒体数据并将其应用于信用风险评估方面还存在不足。因此本章提出了一种新的基于人格特征的个人信用评分方法，旨在提高评分准确性，弥补机器学习在用于信用评分时缺乏解释能力的不足。此外，虽然已有的研究已经用社交媒体数据预测人格特征，但缺乏对中文的研究。

本章设计一个深度学习框架，从我国的社交媒体帖子中识别个体的人格特质，并将其应用于个人信用评分，提高信用风险评估的准确性。基于一个真实的数据集，本章提出的框架可以用来提高信用风险评估的有效性和效率，并具有更高的准确性。该框架的意义在于：

1. 用于挖掘个性特征的深度学习模型可以提供一些关于利用现成的社交媒体数据分析客户的见解；
2. 可解释的方法可以增强客户对潜在机制的理解；
3. 金融机构可以将社交媒体帖子应用于加强信用风险评估，避免造成损失。

3.1 个人信用评分新趋势

信息技术的发展促进了商业和金融领域的转型。飞速发展的技术使得服务成本大幅度下降，也使很多业务从传统的线下转到线上或者采用线上线下相结合的模式。其中，社交媒体的日益普及为商业和金融领域提供了许多前所未有的机会[37]。在社交媒体上，用户可以开设并拥有自己的账户，与粉丝分享自己的日常，如生活、学习、工作等。事实上，社交媒体上包含了海量的信息，而这些信息为企业带来了很大的商业价值，比如通过分析大数据去推测近期内用户感兴趣的关键词，并以此为用户推荐产品或者服务。社交媒体上的信息是用户生成内容，因此可以用来帮助挖掘用户、分析用户和了解用户，在此背景下，利用社交媒体内容来支持企业的决策是非常重要的。

近年来，已有大量关于个人层面的社会媒体对金融活动的影响的研究。如 Zhu 等（2012）[38] 通过一系列的实地研究和实验室研究探索了用户的在线社区的参与行为与用户的金融决策有一定的相关关系，参与在线社区让用户相信一旦遇到困难，它们会得到社区内其他人的支持或者帮助，因此这种感知会让用户做出与没有参与到社区的用户更具风险的金融决策。同时，尽管许多研究工作致力于检验社交媒体与个人信用之间的关联，如Wei等（2016）[39]利用统计学模型比较有社交网络数据和没有社交网络数据两种情况下获得的用户个人信用分数的准确性，同时他们还探索了用户在战略性构建他们的社交网络以获得更高的信用分数时，基于社交网络的个人信用评分的准确性是如何变化的。

然而很少有研究探索个人社交媒体内容背后的内在机制以及这些机制对信用风险的预测作用。虽然社交媒体可以揭示用户的个性特征，但现有的研究并未检验社交媒体所呈现的个性特征对个人信用风险的预测作用。同时，作为一种新兴的、强有力的工具，深度学习在预测上往往表现得很突出，但是其可解释性的缺乏导致模型说服力较低。

信用评分是金融领域的一个重要问题，它致力于评估客户的信用风险。信用风险是指申请人对金融债务的违约概率。金融机构依靠信用评分来评估每个客户，然后做出各自的决定，例如，商业银行根据信用分数来决定是否批准客户的贷款申请。通过评分系统，机构可以避免不必要的损失。例如，如果许多被批准的申请者违约，低准确度的评分系统将导致这些机构的高损失和财务困境。因此，研究者努力提高信用风险评估方法的有效性，避免信用风险造成的损失。

正如第2章中对信用评分的回顾，大量研究致力于利用标准数据集通过对模型的改进提升个人信用评分的准确性。事实上，在业界，很多金融机构正在寻找新的个人信用风险相关特征以便更有效地预测个人的信用风险。

现有研究指出了人格特质与债务积累、信用评分之间的深刻关系[40,41]。

在这些研究中，大五人格理论是最受欢迎和广泛使用的人格模型之一。

大五人格理论（Big Five）由五种人格特质组成，即神经质、尽责性、外向性、宜人性和开放性。

- 神经质（Neuroticism）是一种体验负面情绪的倾向和情绪的不稳定性。高神经质特质的人更容易体验到负面情绪，如愤怒、焦虑等，具有这类性格的人对外界刺激的反应比一般人更强烈，同时对情绪的调节及应对能力较差，经常处于一种不良的情绪状态下。相反，低神经质特质的人可以有效应对外部压力，正常消化负面情绪。

  在信用风险评估的背景下，神经质得分高的人不能很好地处理自己的情绪和生活，冲动的特质与高信用风险具有相关关系。

- 尽责性（Conscientiousness）是一种自律的倾向，指的是控制、管理和调节自身冲动的特质，反映个体自我控制的能力。如果一个人尽责性较低，也就代表容易冲动。冲动具有两面性，它不一定会带来坏结果，比如冲动的人可以尽快进行决策，减少决策时间。但是同时冲动也会带来负面效应，这类人由于没有认真思考行为的结果而进行产生负面结果的行为。相反，尽责性高的人会认真思考，谨慎决定。

尽责性高的人能够意识到自己的责任，能够约束自己去履约。在金融背景下，这些个人可以准时还款或者暗示履行自己的任务，因此会自主地偿还贷款。

- 外向性（Extraversion）是指从外部自我享受的状态，描述了一个人可以从人际活动中获取愉悦的能力。高外向性的人喜欢与外界的人接触，表现出来合群的特质，对人友好并且健谈，他们享受与人互动的感觉，与此相反，弱外向性的人是内向的，不爱说话，不爱与人沟通和交流，喜欢独处。

  在信用评分背景下，一方面，高外向性个体更容易受群体影响参与社会性消费，另一方面，他们也参与高风险相关的金融活动，例如冲动型购物。两者都会导致高信用风险。

- 宜人性（Agreeableness）是指个体体现在社会和谐方面的程度，与外向性相比，宜人性关注与人相处时的态度。高宜人性的人表现出好脾气的、亲近人的、具有同情心的、值得信赖的态度，相反，低宜人性的人显示出不友好的状态，不乐意去帮助别人，也不愿关心别人的利益。

  正如这个定义所表明的，高宜人性的个体倾向于维护社会和谐，因此会遵循金融机构制定的规则，而低宜人性的个体不愿意去遵循规则，因此可能会违背承诺，如不及时还贷。

- 开放性（Openness）表示对各种经验的偏好，描述了个体的认知风格。开放性特质高的个体对陌生情境的容忍程度高，兴趣广泛，乐于探索；开放性特质低的个人相对来说讲求实际，偏爱常规，比较传统。

  很少有研究探讨开放性对金融行为的影响。具有高度开放性的个人倾向于参与新的想法和方法，从而导致非理性的财务决策。

虽然已有学者探讨了人格特质与信用风险之间的联系，但现有研究还没有将其应用于信用风险预测。另外，通常情况下，人格特质是通过调查问卷等方式获取，人力成本较高，也比较耗时。因此，本章会介绍一个具有可接受表现的人格特质检测模型，用来自动及时地挖掘出相应的人格特质。

为了实现这一目标，评价人格特质的数据来源是必不可少的。近年来，社交媒体越来越流行，随着社交媒体的普及，也有学者指出社交媒体数据可以用来帮助评估个人的信用风险。社交媒体包含了丰富的信息[42],这些信息可用于个人信用风险预测。

历史文献指出,社交媒体上的帖子可以用来揭示发帖人的个性特质[43,44]。已经有一些研究利用机器学习技术从社交媒体数据中提取个人的个性特质。然而,目前还没有中文环境下人格特质挖掘的相关研究。同时,深度学习技术还未应用于将社交媒体人格特质与个人信用风险之间的关系进行建模。需再次强调的是,基于机器学习的信用风险评估技术的一个显著缺点是缺乏解释,也就是说,虽然机器学习模型在信用风险评估中取得了很好的效果,但却不能很好地解释每个特征的重要性,降低了评估结果的可信度。这在实际应用中是非常致命的。比如一个贷款申请人被机器学习模型判定为"高风险"者,因此被拒绝贷款,但是模型判并不能提供拒绝该贷款申请人的原因,那么即使该模型准确率很高,银行仍然会谨慎使用。

本章提出了一个用于人格特质检测的深度学习模型,以及一个基于社会媒体数据的可解释信用风险评估深度学习框架,以满足对准确度和可解释性要求更高的金融应用需求。

具体来说,本章共三个目标。

首先,提出了一个基于 BERT(Bidirectional Encoder Representation from Transformers)的人格检测工具(BERT-based Personality Detection, BPD),通过社交媒体数据识别个人的人格特质。BPD 模型采用 BERT 对个人发布的社交媒体文本信息进行分析,进而检测个性特质。目前还没有在中文语境下对人格特质进行识别的研究。

其次,利用可解释的深度学习技术,即可解释的深度神经网络(Explainable Deep Neural Network, EDNN),将 BPD 提取的人格特质纳入信用风险评估过程。与现有的研究相比,EDNN 输入包含个人基本信息(如收入)和社交媒体信息(即人格特质)的特征集,输出个人的信用风险评估值,同时输出了上述每个特征的重要性。换言之,不同于传统的深度学习模型,EDNN 可以解释为什么个体被划分为各种带标签的分类。

最后,将 BPD 和 EDNN 集成到一个统一的框架中,称为 BPD-EDNN,并努力将我们提出的框架与标准模型(如支持向量机)的性能进行比较。

本章提出的 BPD-EDNN 框架旨在填补以下研究空白。

1. 近年来,深度学习方法在自然语言处理中得到了广泛的应用。然而,在中文背景下的人格特质检测却没有得到深入的研究。尽管现有的研究已经研究了深度学习技术的表现,但并未涉及中文环境,而如何在中文环境下利用文本探索人格特质也很有价值。同时,就深度学习方法的有效性而言,本书提出采用基于 BERT 的框架,通过对个人在社交媒体上发布的文本信息进行分析以识别其人格特质。目前用于人格特质检测的大部分深度学习方法使用基于循环神经网络(Recurrent Neural Network, RNN)或卷积神经网络（Convolutional Neural Network, CNN）的网络结构。尽管这些现有的深度学习方法是有效的，但是也存在着缺点，它们的缺点之一是其性能受标记数据集大小的限制。当训练集很小时，由于大部分的神经元处于失活状态，神经网络会察觉到知识的不足。此外，通过文本识别一个人的性格需要一定的语言背景知识。例如，外向者倾向于造出短句，同时，也会使用许多动词、副词和代词。这种句法信息很难通过现有的人格检测方法获得。本书提出的人格特质检测方法通过大量的文档进行预训练，以解决长期以来的问题。

2. 目前的研究致力于通过引入新的特征来提高信用风险评估的绩效。然而，目前还没有研究量化社交媒体在信用风险评估中的预测能力，更不用说从社交媒体上的信息中挖掘性格特征了。如上所述，社交媒体包含有价值的信息用于估计信用风险，因此，本研究旨在将人格特质引入个人信用风险评估过程，以提高信用评分的准确性。

3. 近年来，由于深度学习技术可以获得更好的性能，因此在预测和分类任务中得到了广泛的应用。然而，传统的深度学习技术缺乏可解释性。为了解决这一问题，本书使用了可解释的深度学习模型，该模型可以详细说明评估结果背后的机制。

在下一节中，将回顾信用风险评估和人格特质识别的相关工作。

3.2　相关工作总结

3.2.1　在线个人信用评分

金融机构利用内部或外部信用评分系统来估计其客户的信用风险，即违约或拖欠的可能性。长期以来，业界和学术界一直致力于评估个人的信用风险[45]，即信用评分。该评分过程涉及不同的模型，传统的统计模型包括朴素贝叶斯、逻辑回归模型等，而机器学习模型通常指数据挖掘方法，如决策树、神经网络、支持向量机等。此外，评分过程还利用了不同的建模因素。信用风险评估模型通常包含当前的财务状况和历史信用信息。

为了提高信用评分能力，一类研究致力于改进现有的各种模型在标准信用数据集上的表现。部分使用了一些先进的数据挖掘技术，如神经网络和支持向量机[26,30]。此外，也有研究提出了一些混合技术，以提高评分结果的准确性。例如，[46]提出了一种新的多阶段混合模型，即基于堆叠的集成策略，用于信用评分。在这些研究中，混合技术通常使用神经网络。例如，[36] 设计了一种两阶段评分方法，结合神经网络和基于案例的推理技术，从第一阶段即神经网络减少第一类错误。同时，还利用支持向量机建立了一个混合模型。例如，[31] 利用多元加权支持向量机和 ROC 曲线下方的面积最大化进行评分。

近年来，网上银行等在线金融市场蓬勃发展。许多交易已从线下转移到线上。在线金融中，金融机构无法像传统金融一样与客户面对面沟通。缺乏面对面沟通的这一限制增强了信用风险评估的重要性。此外，在线金融机构不能像线下机构一样收集所有有关客户的资料。在这样的背景下，信用风险评估领域正在探索新的评估方法来适应在线金融市场。事实上，虽然很多研究都集中在贷款成功的决定因素上，但从贷款人的角度来看，借款人的信用不仅通过信用评分来估计，而且还通过与借款人投资决策相关的其他因素来估计。例如，探讨借款人的照片如何影响贷款人的决策，发现了一系列有意思的结论，比如照片显示的年龄是借款人的一种竞争力的表现，但照片的吸引力并不会影响贷款的成功率。此外，借款人社交媒体账户的自我披露和他们的社交媒体活动可以被用来预测违约概率。

随着互联网技术的进一步发展，越来越多的领域转移到网上进行交易，尤其是在电子商务领域和在线金融领域。与传统渠道的交易相比，在线交易在交易主体无法面对面交流的情况下面临着严峻的信用相关问题。

由于直接互动的局限性，信用评价变得越来越重要，因为信用是利益相关者用来估计他们能够获得预期利益概率的重要指标。例如，电子商务领域可以利用信用来评估客户或卖家的质量。此外，与传统的信用评分模型不同，在线信用评分模型更注重在线市场中反映客户信用状况的指标，而不局限于传统信用指标。在线信用评分考虑了用户的在线行为。随着信息技术的发展，人们在互联网上留下的行为轨迹越来越多。与传统的信用评分相比，在线信用评分包含用户在网络上展示的反映违约可能性或违约风险的信息。比如，在电子商务方面，网上的反馈或销售信息等可以纳入信用评分系统[48-50]。现有的研究开始探索不同领域中的在线信用评分。

Xu 和 Zhang（2009）[48] 提出了电子商务背景下的信用评分模型，采用三层评分结构，第一层为最终信用评分，第二层为采购状态和产品状态，底层为采购时间、产品价格等，然后采用集对分析法对卖家的信用进行评分。

Piao 等（2007）[49] 研究了 C2C 电子商务平台，通过对评价提供者和评价接收者的一种加权评分算法改进了在线信用评价系统。此项研究利用 eBay 的用户信息进行实证分析。他们[50] 还研究了 B2B 电子商务服务，主要目的是评估企业的信用，他们首先分析了企业信用评价的静态指标和动态指标，然后采用神经网络模型对企业信用（包括基本信用和交易信用）进行评价。

Emekter 等利用 Lending Club 的数据来检验不同特征之间的关系。此外，该研究采用二元 Logistic 回归分析进行建模。实验结果表明，债务收入比、FICO 评分和循环额度利用率与贷款违约概率相关。

尽管现有研究已经从社交媒体中提取一些新特征用于信用评分，但是还没有研究从人格特质角度进行分析。

本章旨在从社交媒体文本中提出新的特征，即人格特质信息。同时虽然一些现有的研究声称性格特征与信用评分之间存在关系[40,41]，但还没有研究致力于从社交媒体角度上提高与人格特质相关的信用评分表现。此外，机器学习方法在信用风险控制领域得到了广泛的应用，并取得了较好的效果，但由于缺乏可解释性，限制了这些方法的推广。本书提出的框架可以充分利用社交媒体数据，并从人格特质的角度探索社交媒体数据对个人信用状况的预测能力。

3.2.2 性格特质分析

人格是指个体的基本特征，包括行为、认知和情绪模式。心理学领域已有多种人格特质方面的理论和模型，包括三因素模型、大五模型、七大人格模型等。

1. 图 3.1 所示为三因素模型（Eysenck's Three-Factor Model），由 Eysenck 提出，共包含以下三个因素。

   - 外向性（Extroversion，简称 E）- 内向性（Introversion）
   - 神经质（Neuroticism，简称 N）- 稳定性（Stability）
   - 精神质（Psychoticism，简称 P）

2. 大五模型，又称为五因素模型（Five-Factor Model，FFM），如图 3.2 所示，其被广泛应用于从五个预设维度评估个体的人格特征[54]。

   - 外向性（Extraversion，简称 EXT）
   - 神经质（Neuroticism，简称 NEU）
   - 宜人性（Agreeableness，简称 AGR）
   - 尽责性（Conscientiousness，简称 CON）
   - 开放性（Openness，简称 OPN）

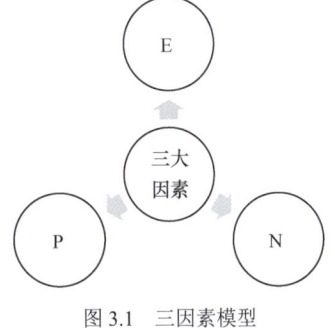

图 3.1　三因素模型

3. 七大人格模型。该模型由 Tellegen 等人提出，如图 3.3 所示，其七个因素分别为：

- 正价（Positive valence，PV）
- 负价（Negative valence，NV）
- 正情绪性（Positive emotionality，PEM）
- 负情绪性（Negative emotionality，NEM）
- 责任心（Conscientiousness），之后修改为可靠性（Dependability，DEP）
- 宜人性（Agreeableness，AGR）
- 因袭性（Conventionality，CONV）

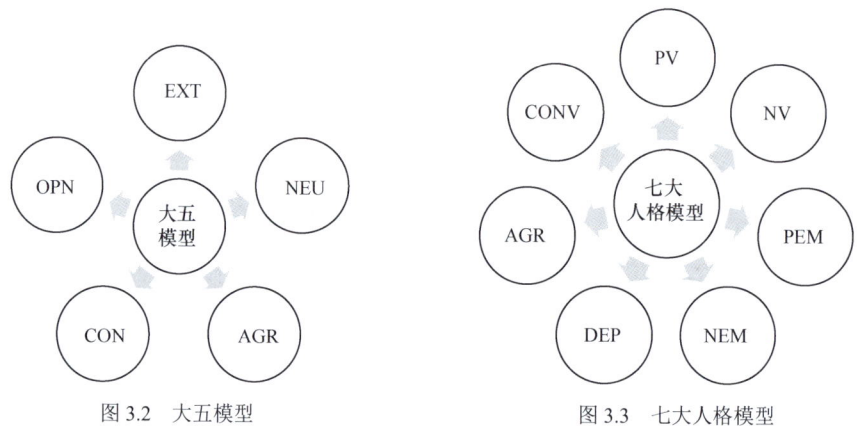

图 3.2　大五模型　　　　　　图 3.3　七大人格模型

其中前两个因素，即正价和负价是七大人格模型中新增的两个维度，后五个因素分别对应大五模型中的外向性（Extraversion）、神经质（Neuroticism）、尽责性（Conscientiousness）、宜人性（Agreeableness）和开放性（Openness）。

其中大五模型是应用最广泛的人格模型之一，现有的大五人格特征测量方法有：

- 国际人格题库（IPIP）
- 五大性格因素量表 NEO-PI-R[55]
- 自我描述句问卷[56]
- 自我报告问卷[57] 等

这些方法利用预先设定的人格问卷来衡量一个人的性格。比如，五大性格因素量表将每个性格特质细分为 6 个切面，6 个切面分数的总和即对应的性格特质的分数。

然而，研究者需要发放问卷，被调查者需要花费较长的时间去完成调查，因此此类基于问卷的方法相对耗时且成本高昂，有时很难从被调查者得到及时的回应。

为了缓解基于问卷的方法带来的局限，一些研究者开始探索二手信息蕴含的价值。心理学和语言学科领域的研究人员已经证实，个人的日常活动（包括语言表达）反映了他们的性格，如[58]使用电子记录器对 96 名参与者进行了为期 2 天的跟踪调查，发现参与者的日常活动、语言使用等与他们的大五人格特质相关，同时指出人们日常行为中的表达对探索人格特质的重要性。另外，有学者指出一些语言提示（例如句法或文法风格、情感极性甚至标点符号的使用）有利于评估一个人的性格特征[59]。

上述发现促进了自动人格特质检测方法的发展，其中包括基于文本信息的人格特质分析。该类研究由来已久，机器学习技术已被广泛用于分析人格特质[43,60]。

一方面，一些心理学词汇，如 LIWC（语言查询和词汇统计）[61]和 MRC（研究委员会心理语言学数据库）已广泛应用于自动性格检测任务。

另一方面，Bag-of-word 模型（即词袋模型）通常也被用于对非结构化文本数据进行向量化，从而获取用于个性检测的语言模式。

随着互联网行业中用户生成内容（User Generated Conent, UGC）模式的迅速崛起，用户会在社交媒体上发布自己的文章等信息，这些内容被称为用户生成内容。用户生成内容是用户自己发布的信息，由于这些内容带有一些识别自身人格特质的语言线索，因此通过这个新的数据来源来揭示一个人的性格是可行的。[62]指出人们在文本中使用的功能词和情感词为研究他们的思维过程、情感状态和动机提供了重要的心理线索，并分析了反映注意焦点、情绪状态、社会关系、思维方式和个体差异等特征的 LIWC 维度，总结了基于词汇的方法在解决自动性格检测任务中的应用。然而，基于词汇的方法的一个最突出的缺点是当语言环境每天动态变化时，他们很难被用于分析不断更新的社交媒体数据。具体而言，LIWC 等词汇词典仅包含一些预先定义的词汇，而且缺乏识别社交媒体中出现的新词汇的能力。

为解决这一问题，最近的一些研究寻求使用新的方法，即利用机器学习方法通过个人社交媒体文章来检测个人的性格。

Golbeck 等（2011）[43]指出人格特质与工作满意度、人际关系等有关，他们认为对社交媒体上的用户信息，可利用两种机器学习算法——高斯过程和 ZeroR 分类器进行人格特质预测。

Iacobelli 等（2011）[60]利用海量的博客语料库来比较不同的分类特征选择方式，通过支持向量机对人格特质进行识别。

Pratama 和 Sarno（2011）报告了机器学习方法的有效性，包括支持向量机（SVM）、K-最近邻算法（KNN）和朴素贝叶斯（NB），利用社交媒体上用户的数据进行了人格特质分析，指出在三种算法中朴素贝叶斯可以取得最好的人格特质预测结果。

然而，现有的大部分方法利用词袋模型将非结构化文本转换为固定长度的向量，而忽略了文档中嵌入的序列信息。

为了减少这一问题带来的干扰，Wright 和 Chin（2014）[63] 利用 N-gram 模型学习词汇之间的短期依赖性，通过支持向量机（SVM）来实现大五人格的识别。近年来，随着深度学习的快速发展，其已广泛应用于文本分析[64-66]。如 Abdi 等（2019）[64] 提出了一种用深度学习方式挖掘在线海量评论的情感信息，利用长短记忆模型（Long-short term memory，LSTM）构成的递归神经网络（Recurrent neural network，RNN）进行文本信息处理，进而进行句子级情感分类，取得了更准确的文本分析效果。另外，深度学习也被用于人格特质检测，被证明是有效的[67]。

Yu 和 Markov（2017）应用深度神经网络（如卷积神经网络）来获取文本的长期依赖信息，进而提高深度学习在进行人格特质检测问题的性能，实验结果显示利用平均池化的卷积神经网络模型表现优于循环神经网络及全连接神经网络。

Xue 等（2018）[68] 使用层次深度神经网络分析社交媒体上用户的博文中的深度语义信息，并将提取的语义信息利用传统回归模型进行人格特质预测，结果表明提取的深度语义信息可以提升人格特质预测的准确性。

Li 等（2020）[69] 基于深度学习的思想提出了一种"深度分类—回归网络"用以分析人的个性特征，该项研究首先进行人格特质的检测，通过回归模型得到一个准确的人格特质数值，之后将其用于工作推荐。

然而基于深度学习的方法存在一个明显的缺陷，即在训练和测试过程中需要标记样本，而带有人格特质标记的样本收集成本较高。据笔者所知，如何在使用深度学习和使用标记较少的样本之间作出权衡仍然是现有自动人格特质检测研究尚未解决的问题。此外，现有的研究在英语环境下进行了大量的自动人格特质检测的尝试，但是在中文环境下处理该问题的文献数量有限。因此，本章旨在利用深度学习模型探索从社交媒体文本中进行人格特质检测，同时提出适用于中文环境的框架，弥补了现阶段中文环境下人格特质检测的缺失。

3.3 技术基础

本章节对社交媒体文本数据的处理涉及自然语言处理技术。自然语言处理（Natural Language Processing，NLP）是计算机领域和人工智能领域的一个重要分支，它指的是如何利用计算机处理并分析自然语言。在信息技术飞速发展的今天，我们面临海量文本，人工处理已经不太现实，处理这些非结构化的文本并提取我们需要的信息就属于自然语言处理的范畴。自然语言处理包括文本分类、信息提取、话题分析等。

正如前面的讨论，现阶段我们面临着海量的数据，自然语言处理是我们处理这些海量数据的一项技术，其中一个最新的趋势是从大规模数据中获取与后续具体任务无关的预先训练好的语言模型，即预训练模型。该预训练模型可以对后续分析的自然语言进行处理。预训练模型是迁移学习的一种应用，它从海量文本中学习到隐式知识，将预训练模型应用于下游任务时可以减少训练代价，提高模型效果。

近年来，NLP中预训练模型在逐步发展，例如ELMo[70]、ULMFiT[71]和BERT[52]。受迁移学习思想[72]的启发，这些语言模型具有很高的复杂性，并通过大型领域通用语料库进行预训练。

1. Word2vec

Word2vec使用神经网络通过独热编码（One-hot coding）将词语映射为词向量。Word2vec通常有两种训练词向量的模型，分别是CBOW（Continuous Bag of Words Model，如图3.4所示）和Skip-gram（如图3.5所示）。

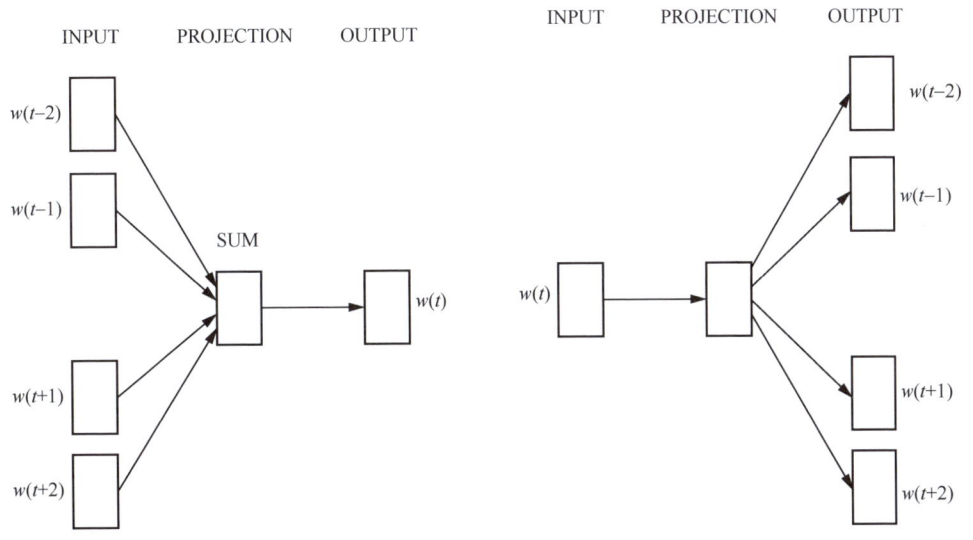

图3.4 CBOW 示意（来源于：Mikolov 等[73]）　　图3.5 Skip-gram 示意（来源于：Mikolov 等[73]）

其中CBOW通过目标词语的上下文预测可能出现的单词；Skip-gram与CBOW相反，通过目标词语去推测上下文。

2. ELMo

在Word2vec中，每个词语对应了一个词向量，因此这种语言模型无法处理一词多义的问题。比如苹果这个词语，可能是指一个品牌，也可能指水果，但是 Word2vec 里该词语只通过一个词变量表示。

语言模型嵌入（ELMo，Embeddings from Language Models）使用了双向 LSTM（Long Short-Term Memory）语言模型来解决这个问题，通过上下文相关的预训练表示。也就是说，不同于 Word2vec，ELMo 考虑了单词的上下文，同一个单词的表示会因为上下文有不同的词向量表示，如图 3.6 所示。

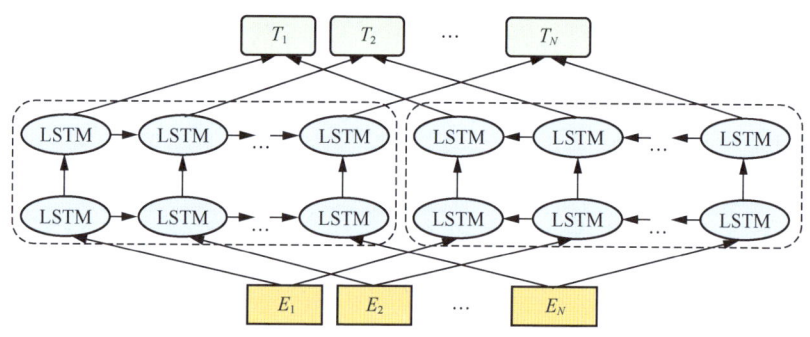

图 3.6　ELMo 结构（来源于：Devlin 等[52]）

3. BERT

BERT 是最先进的语言模型之一，已经被证明在不同的下游 NLP 任务中是有用的，其结构如图 3.7 所示。BERT 是 Bidirectional Encoder Representations from Transformers 的简称，即来自变换器的双向编码器表征量。相比于 ELMo 采用 LSTM 进行特征提取，BERT 使用了 Transformer，Transformer 是基于自注意力（Self-attention）机制的模型，是提取特征的有效方式之一。同时 ELMo 使用双向拼接方式融合上下文特征，与 BERT 的一体化特征融合方式相比特征融合能力较弱。

BERT 采用了两阶段模型，分别是语言模型预训练和微调（Fine-tuning）解决下游任务。微调方式是在 GPT（Generative pre-training）模型中提出的，但 GPT 模型采用了单向语言模型，"单向"意味着在进行模型预训练时只使用了上文却忽略了下文，这种单向的方式限制了模型效果，因此在 BERT 中，预训练模型阶段采用了双向语言模型，将词语的上下文融合。

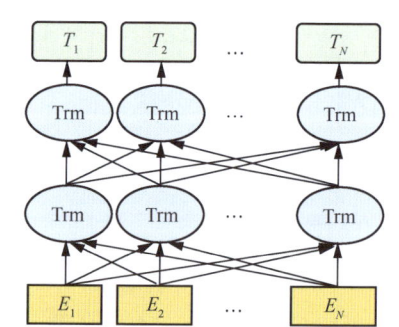

图 3.7　BERT 结构（来源于：Devlin 等[52]）

由于 BERT 模型的优势，本章利用 BERT 对个人的社交媒体文本进行分析，从而进行人格特质检测。

3.4 基于社交媒体信息的信用评分框架

3.4.1 总体框架

本章提出了一个基于社交媒体信息的信用评分框架，该信用风险评估的深度学习框架如图 3.8 所示。该框架包括 4 个主要模块，分别为数据采集模块、人格特质挖掘模型、风险评估模块和输出可视化模块。

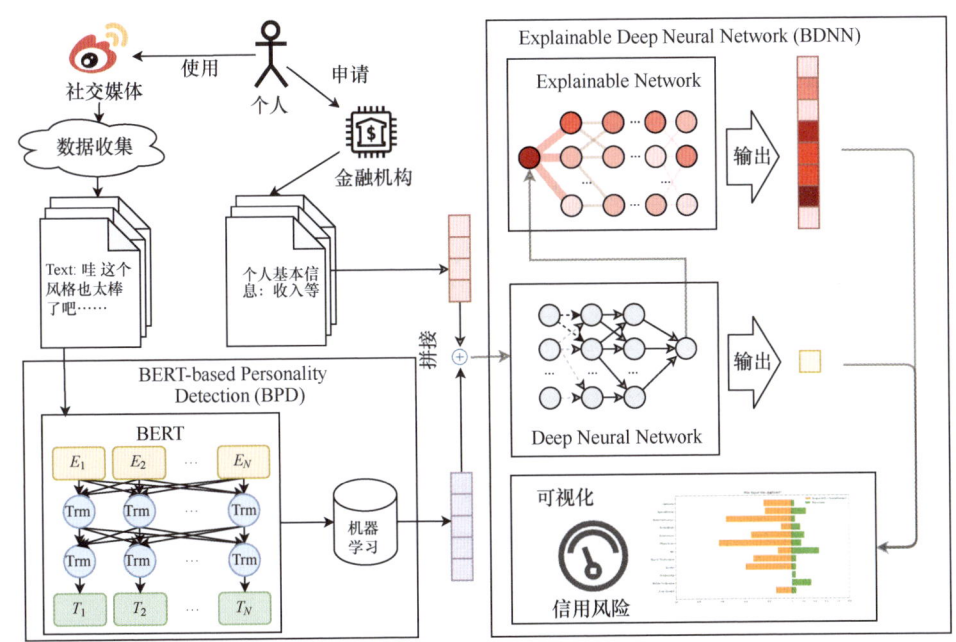

图 3.8　基于社交媒体信息的信用评分框架

数据收集模块需要收集客户的两类信息，分别是基本信息和其社交媒体信息。社交媒体信息是指客户相应发布的内容，在本章里，社交媒体选择的是中国最大的社交媒体之一——微博。之后人格特质挖掘模块通过用户生成内容来挖掘这些客户的个性特质。在该模块中，该框架使用外部信息源来训练个性特质挖掘模型。接着这些提取出来的个性特质与传统的基本信息一起输入一个具有可解释的风险评估模块中。该模块能够很好地融合信用风险评估的两类信息并输出信用评分结果，同时输出评估结果的可解释性。

最后，输出可视化模块包括信用风险和相应的风险结果的可解释总结。

以下小节将详细讨论每个模块。

3.4.2 数据采集模块

本章提出的信用评分框架里的第一个模块是数据收集模块。该模块收集的内容包括两部分，分别是一家金融机构提供的客户基本信息和相应的社交媒体中用户生成内容。

- 基本信息是指信用风险评估中使用的传统基本信息。事实上，传统的信用评分模型中经常提及这些基本信息。在本章中，基本信息有年龄、收入、工作年限等，这些基本信息特征揭示了客户的基本情况。
- 对于社交媒体信息，通过爬虫程序收集每个客户近期发布的 500 条帖子，如果一个客户的帖子数量少于 500 条，则收集其所有有效的帖子。

数据收集模块最终在本地数据库中存储了关于用户的两类信息，这两类信息将为后续信用评分做准备。

3.4.3 人格特质挖掘模块

信用评分框架的第二个模块为人格特质挖掘模块。人格特质挖掘是用来从客户的社交媒体帖子中挖掘他们的个性特质。该模块利用了一个基于深度学习的预训练语言模型，即基于语义理解的深度双向预训练 Transformer（Bidirectional Encoder Representation from Transformer，BERT）用于人格特质检测。

本模块的主要任务是对人格特质挖掘模型进行训练，之后利用该模型进行人格特质检测。前文提到现有的研究通常利用问卷的方式来评估被调查人的人格特质，这种方式虽然简单有效，但是由于被调查人需要回答预设一系列的问题，而这些问题数量较多（如 60 个），因此该过程耗时耗力。

随着研究的深入和技术的探索，近年来已有不少研究探讨了如何从用户生成内容中挖掘用户的人格特质，但这些研究多数探索英文环境，对中文的情景探讨较少。因此，本模块首先会利用现有的调查问卷展开小规模调查，评估每个调查人的人格特质，然后根据他们提供的微博账号挖掘他们发布的微博，这样就建立起来微博内容与人格特质的标准数据集，之后利用人格特质调查结果和收集的微博内容来训练和测试人格特质挖掘模型，并将其应用到信用评分框架中。

由于标记样本的采集成本很高，设计模型的复杂性受到数据集大小的限制。为了减少这一问题带来的影响，同时充分利用先进的深度学习方法来提高绩效，本章选择了一种预先训练好的深度学习方法，即 BERT。

本研究在自动化人格特质检测过程中引入了 Google AI 发布的 Pytorch 版本的 BERT 以及预先训练的中文模型。经过预训练的参数初始化后，BERT 可以通过固定长度的文档嵌入来表示文档。

如图 3.8 所示，经过 BERT 向量化后，不同的机器学习方法可以应用于下游任务，即人格检测任务。根据之前的研究，本章将人格特质检测问题建模为一个分类问题，具体来说大五人格特质中每一种人格特质都有两个极点，因此检测每个人格特质的任务被建模为一个独立的二元分类任务，即是/否。因此，该问题可以利用不同的分类方法进行检测，本章在实验中将比较不同分类方法的性能，因此不指定分类器类型。

3.4.4 风险评估模块

如图 3.8 所示，信用评分模块中风险评估模块利用深度神经网络连接一个可解释的组件。至于我们的深度神经网络，它包含几个完全连接的层，每个完全连接的层后面是一个脱落层。由于我们将风险评估建模为一个分类问题，因此交叉熵损失被用作损失函数：

$$L(\theta) = -[l \cdot \log(P(y=1|\theta)) + (1-l) \cdot \log(1-P(y=1|\theta))]$$

其中 θ 是神经网络中的参数，l 是实际标签，$P(y=1|\theta)$ 是表示给定样本为真概率的模型输出。这里的优化器是带有动量的随机梯度下降（SGD）[74]（Ferguson, 1982）。该优化算法涉及两个参数，即学习速率和动量。具体而言，在每个训练迭代中，参数 θ 被更新：

$$v_t = \beta v_{t-1} + \alpha \nabla_\theta L(\theta)$$
$$\theta \leftarrow \theta - v_t$$

其中 α 和 β 分别表示学习速率和动量。标准神经网络包含一个输入层、一个输出层和一个隐层，而深度神经网络是一种具有多个隐层的神经网络，具有较好的学习能力。

然而，深层神经网络虽然具有很好的性能，但缺乏可解释性，因此被称为"黑盒"，而在现实状况下，客户可能不会被黑盒的评估结果所说服。例如，客户被标记为高信用风险，然后贷款申请被拒绝。如果他/她询问原因，单纯的深层神经网络无法解释评估结果。

在这种背景下，对深层神经网络结果进行解释非常重要。Bach 等（2015）[75] 介绍了一种解释方式，即相关性分层传播（Layer-Wise Relevance Propagation，LRP），它是一种解释深层神经网络如何做出决策的方法。具体来说，它通过神经网络中的向后传递来识别重要的输入维度（特征）。此外，Montavon 等（2017）[76] 在深度泰勒分解（Deep

Taylor Decomposition，DTD）中找到了其数学基础。

LRP 规则定义为：

$$R_i^{(l)} = \sum_j \frac{x_i w_{ij}}{\sum_i x_i w_{ij}} R_j^{(l+1)}$$

其中，$R_i^{(l+1)}$ 是层 (l+1) 处的相关值，神经元 j。LRP 执行按比例分解，其利用上层相关值 $R_i^{(l)}$ 来计算下层相关值 $R_i^{(l)}$。x_i 表示神经元 i 的激活，x_{ij} 表示从神经元 i 到 j 的学习权重参数。

图 3.9 展示了 LRP 的结构，其中 LRP 的上半层展示了传统的深度神经网络，但是在输出层，该输出会按照原来的网络结构回传获取每个特征的重要性。

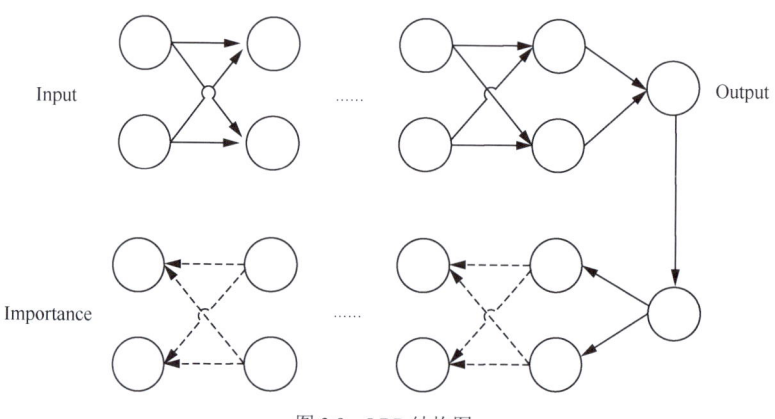

图 3.9 LRP 结构图

3.4.5 输出可视化模块

与现有的深度学习技术相比，本章的评估模块能够取得良好的评估效果，并且能够对客户的每个特征的重要性进行可行的解释。换句话说，除了准确的信用风险评估，输出模块还通过一个可视化组件提供解释。

3.5 实验结果

3.5.1 实验设置

由于中文背景下并没有标准数据集（即文本信息与大五人格特质的对应关系），本研究首先做了一项调查，用于了解微博用户的大五人格特质。

为了获得微博用户的个性标签，调查使用了修订后的 NEO-PI-R[55]（大五人格测试问卷）的简短版本，即 NEO-FFI-R。此问卷共 60 道题，通过社交媒体（如微博）发布，共收集到 187 份有效答卷。

然后，在当事人的授权下，收集他们的微博信息构建数据集。最终本研究共收集了 15571 个帖子。

本章将获得的大五人格标签标准化为 0 和 1。表 3.1 展示了数据收集后的人格特质的描述性统计，其中：

- 外向性（Extraversion，简称 EXT）
- 神经质（Neuroticism，简称 NEU）
- 宜人性（Agreeableness，简称 AGR）
- 尽责性（Conscientiousness，简称 CON）
- 开放性（Openness，简称 OPN）

表 3.1 微博用户人格特质的描述性统计

	EXT	NEU	CON	AGR	OPN
总数	187	187	187	187	187
平均数	0.46	0.49	0.48	0.60	0.47
标准差	0.16	0.17	0.17	0.16	0.17
最小值	0	0	0	0	0
最大值	1	1	1	1	1

3.5.2 基于BERT的人格特质检测性能研究

为了对人格特质进行检测，本研究采用了不同的机器学习方法，分别是 K 近邻（KNN）、决策树（Tree）、AdaBoost（Ada）分类器、线性判别分析（LDA）、Bagging 分类器和随机森林（RF）分类器。此外，实验中还测试了全连接（FC）神经网络的性能。

人格特质检测的总体实验结果如表 3.2 所示。

表 3.2 不同机器学习方法结果比较

	KNN	FC	Tree	Ada	LDA	Bagging	RF
F1 测度	0.5411	0.4556	0.5086	0.5078	0.5218	0.4650	0.5119
精确度	0.5504	0.5910	0.5054	0.5707	0.5870	0.5640	0.5254
召回率	0.5347	0.3805	0.5122	0.4697	0.4756	0.3972	0.4999

注：该表展示了各项指标平均值

每个分类器的性能由 F1 测度、精确度和召回率来衡量，如图 3.10、图 3.11 和图 3.12 所示。结果显示 KNN 在 F1 方面的表现最好，平均值为 0.5411。此外，我们还发现，全连接神经网络方法在精确度方面优于其他方法，但其召回率分数最低，且 F1 测度分数相对较低。因此，我们选择 KNN 来训练一个人格特质检测器，以供我们进一步分析。

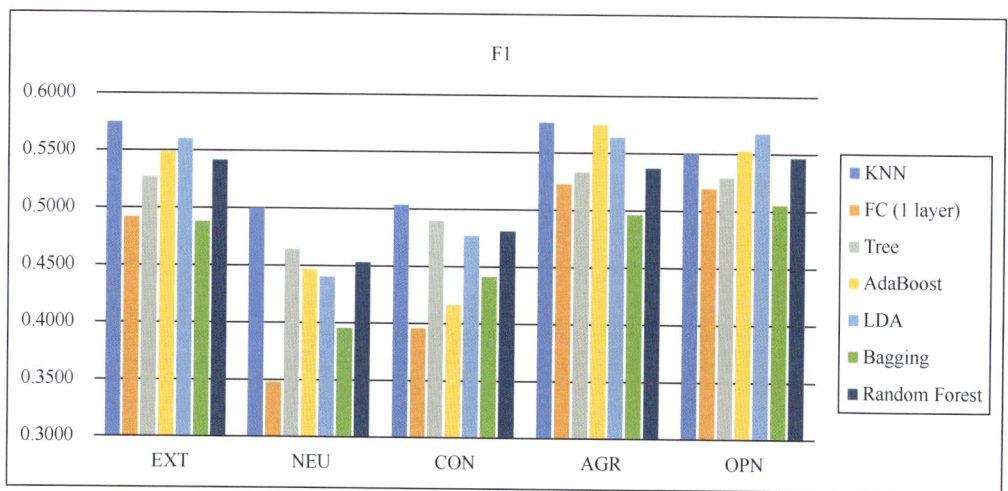

图 3.10 各种方法的 F1 测度得分

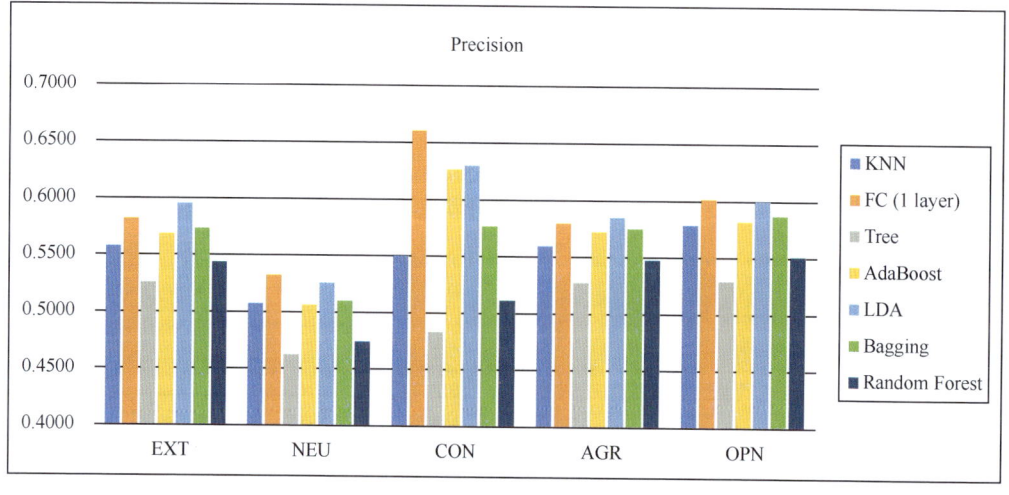

图 3.11 各种方法的精确度得分

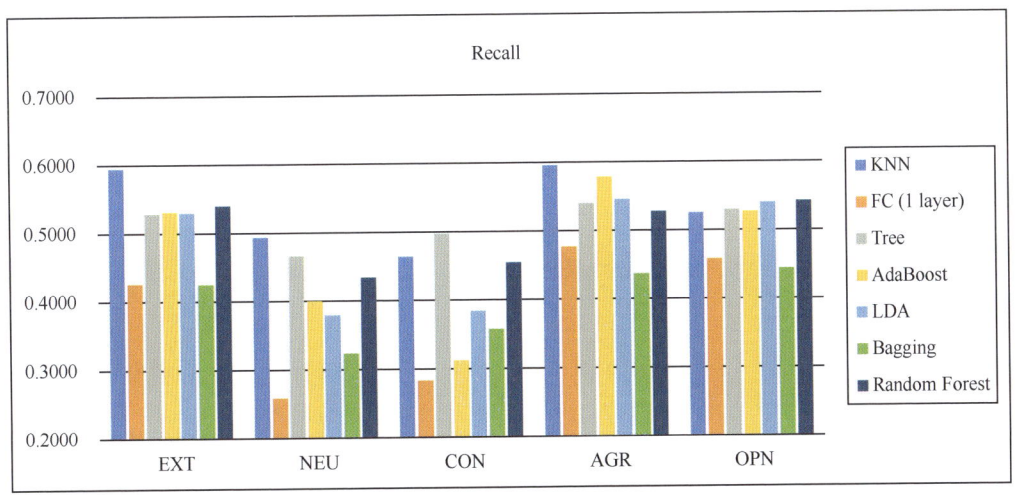

图 3.12　各种方法的召回率得分

3.5.3　信用评分结果

在这一部分中，我们使用深层神经网络来建模我们提出的人格测量与个人信用风险之间的关系。同样，4 个常用的指标，即精确度、召回率、F1 测度和准确率，被用来评估分类的性能。

如果申请人的贷款逾期超过 30 天，则该申请人被标记为"高信用风险"，否则，该申请人为"低信用风险"。

原始数据集包含 1280 个低风险申请人和 74 个高风险申请人，这在现实世界中是合理的，会违约的申请人毕竟还是少数。

然而，这是一个极不平衡的数据集。传统的分类方法是用这种不平衡的数据集将所有申请者标记为低风险者。也就是说，在这种情况下，训练分类器的准确度准则是不可行的。因此，在数据集被输入到深度学习模型之前，我们需要处理不平衡的数据集，特别是减少大多数和少数类之间的偏差。在本研究中，我们从资料的角度使用过采样策略。过采样是指对少数类的数据进行补充。本研究采用最常用的过采样技术之一的合成少数类过采样技术（SMOTE）。这种技术是随机过采样的扩展，旨在根据少数类中的当前数据点创建合成数据点。为了避免随机性，采用 3 次 SMOTE 生成 5 个数据集。通过 SMOTE，得到了均衡的数据集，即每个新数据集包含 1280 个低风险申请人和 1280 个高风险申请人。此外，为了充分利用数据集，这里采用了 10 倍交叉验证过程。

深度神经网络包含 8 个完全连接层,每个完全连接层后面有一个池化层,同时把迭代次数设为 2000 次。这里的优化器是随机梯度下降(SGD)。该优化算法涉及两个参数,即学习率(Learning Rate)和动量(momentum)。因此,我们在将数据输入模型之前进行参数选择过程。每个生成的数据集被随机划分为 10 个子样本,每 9 个子样本作为一个训练数据集,剩余的一个子样本作为测试数据集,前者用于训练模型,后者用于参数验证。通过这个过程,我们可以得到最佳的参数,以进一步验证该方法在测试数据集上的有效性。

在这个阶段,图 3.13~图 3.16 演示了一个数据集中的参数选择。可以看出,在这个数据集中,学习率为 0.02、动量为 0.1 的模型可以获得最好的性能。

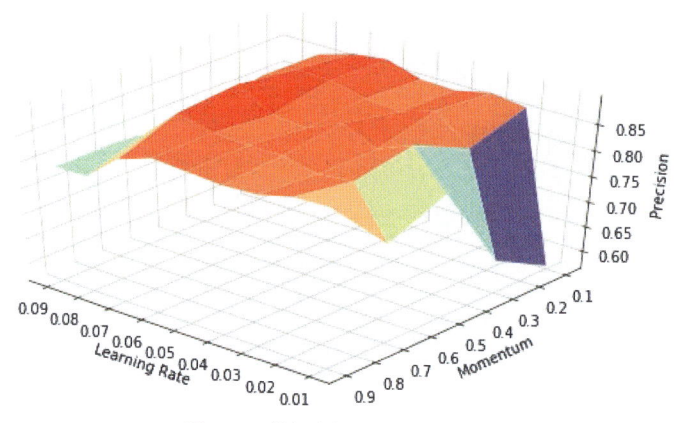

图 3.13 特征选择结果(精确度)

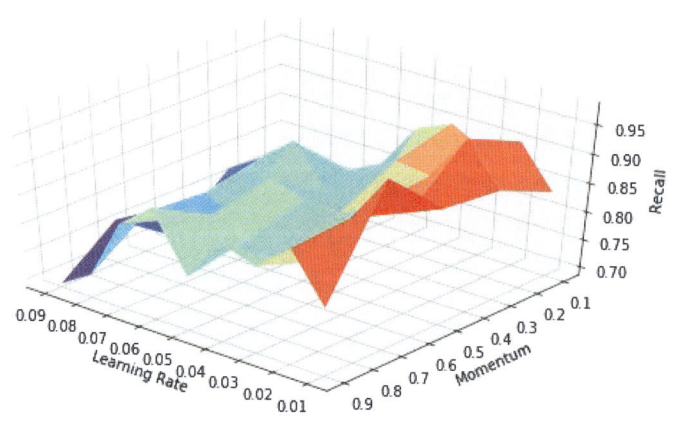

图 3.14 特征选择结果(召回率)

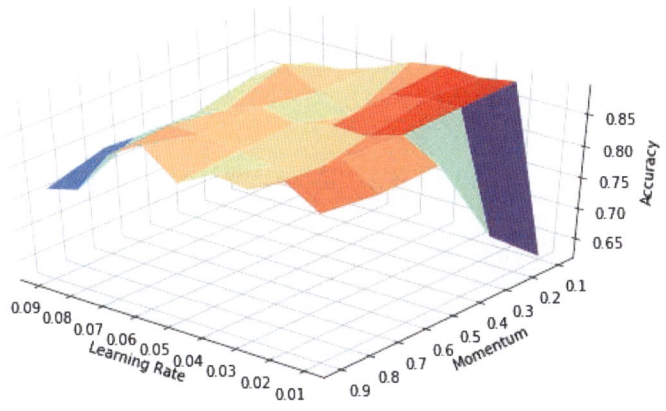

图 3.15　特征选择结果（准确率）

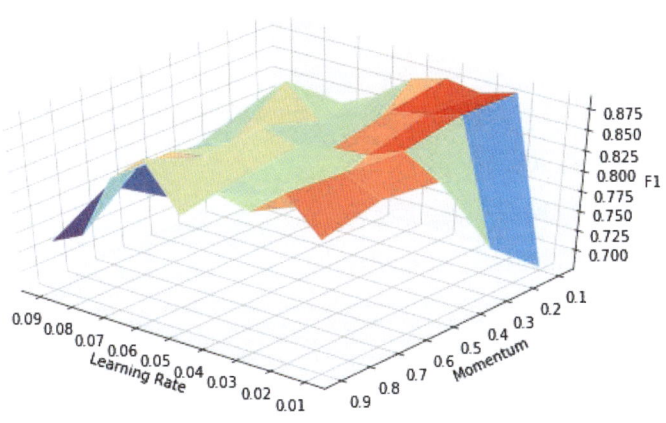

图 3.16　特征选择结果（F1 测度）

1. 全特征下的信用评分

表 3.3 给出了所选参数的实验结果。

在测试数据集上，准确率均值可达 85.63%，F1 测度均值为 0.8630。

表 3.3　实验结果

数据集	1	2	3	4	5	平均值
精确度	0.8235	0.8214	0.8339	0.8156	0.8100	0.8209
召回率	0.9345	0.9096	0.9172	0.8943	0.9191	0.9149
F1 测度	0.8740	0.8611	0.8726	0.8476	0.8596	0.8630
准确率	0.8660	0.8535	0.8656	0.8445	0.8520	0.8563

2. 标准特征下的信用评分

以下实验仅利用信用评分中常用的基本特征，如年龄和收入等。

本实验采用了结构和参数相同的深层神经网络。表 3.4 只给出了基本特征的实验结果。与表 3.3 中的结果相比,表 3.4 中的结果表明,没有人格特质的模型不如具有人格特质的模型。

表 3.4 实验结果(无人格特质)

数据集	1	2	3	4	5	平均值
精确度	0.7192	0.7017	0.7251	0.6993	0.7269	0.7144
召回率	0.8830	0.9018	0.8350	0.9048	0.9327	0.8915
F1 测度	0.7902	0.7839	0.7718	0.7864	0.8159	0.7897
准确率	0.7684	0.7582	0.7629	0.7566	0.7887	0.7670

换句话说,人格特质可以作为预测申请人信用风险的有效指标。

在这项研究中,本章采用了深度学习模型。此外,本章还比较了其他常见分类模型的性能。

(1)随机(Random):每个申请者随机分配一个标签,高风险或低风险。

(2)LDA:线性判别分析。

(3)NB:朴素贝叶斯。

(4)SVM:支持向量机。

(5)MLP:标准神经网络。

(6)Logit:Logistic 回归。

表 3.5 显示了不同分类模型的实验结果。结果表明,深度学习模型在这 4 项指标上优于其他常用的分类模型。

表 3.5 实验结果(不同模型)

数据集	Random	LDA	NB	SVM	MLP	Logit
精确度	0.4978	0.5998	0.6234	0.8142	0.8288	0.8288
召回率	0.3831	0.6478	0.6700	0.9135	0.8577	0.8577
F1 测度	0.3707	0.6066	0.6382	0.8586	0.8382	0.8382
准确率	0.5012	0.6082	0.6309	0.8492	0.8353	0.8353

3. 可解释的信用评分

为了直观地说明我们提出的信用风险评估框架的可解释性,首先随机选取一个客户,提供他的信息(包括个性特征和基本信息)。每一项特征和信息都具有各自的重要性,揭示了客户被划分为"高风险"或"低风险"的内在机制。

图 3.17 显示了这个客户的各项特征的值(在标准化之后,After Normalization)和

相对应特征的重要性。该图显示，收入特征在确定这个客户为"高风险"时占有最重要的地位。这个数字表明，这个客户被拒绝主要是因为他的年龄和无效的手机验证。在 5 种人格特质中，他的宜人性低是决定高风险标签的最重要特征。

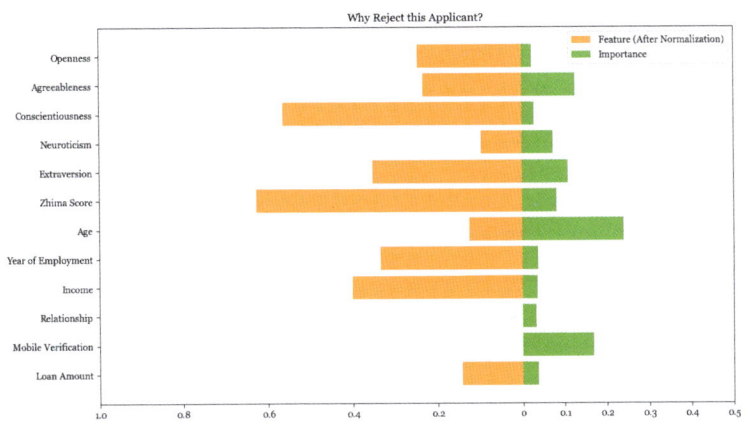

图 3.17　重要性可视化效果图

为了进一步报告解释模块的有效性，我们首先根据每项特征在一个数据集中的重要性对所有特征进行排序。因此，我们将实验结果与逐步去除重要特征的模型结果进行比较。从图 3.18 和图 3.19 中可以看出，评分性能随着重要特征的去除而逐渐降低。

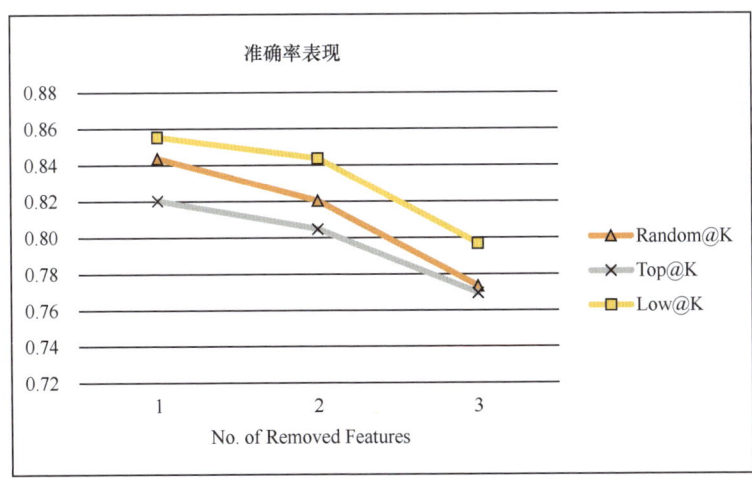

图 3.18　特征选择结果（准确率）

此外，我们逐步移除随机特征，图 3.18 和图 3.19 还说明了随机移除特征的评分结果优于移除最重要特征的评分结果，揭示了依赖于这个可解释的模块生成的重要性确实代表了特征用于评分。

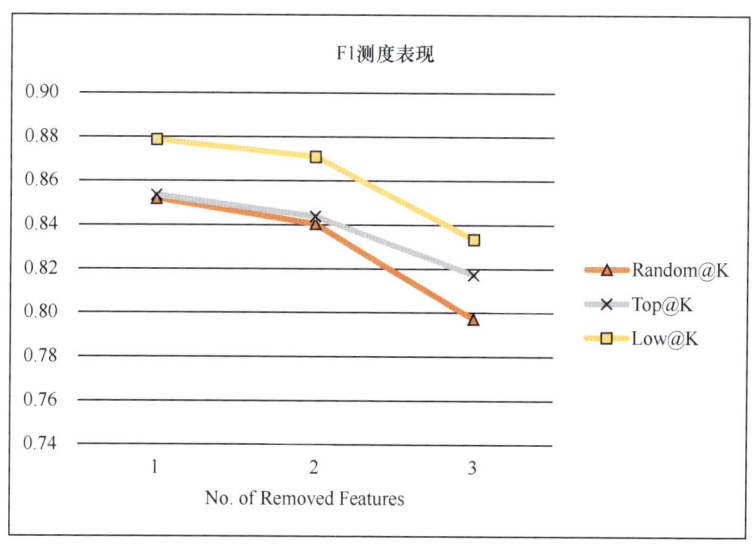

图 3.19　特征选择结果（F1 测度）

3.6 本章小结

本章提出一种基于深度学习技术的可解释信用风险评估方法来评估客户的风险状况。首先利用深层文本挖掘模型（即 BERT）构建了一个中文环境下的人格特质挖掘模型。在此基础上，提出了一种基于个性特质挖掘模型的可解释性信用风险综合评估框架。同时在真实数据集上进行的实验结果显示，从社交媒体帖子中挖掘出的个性特质有助于信用风险评估。研究结果也证明了该框架在评估客户信用风险方面的优越性。此外，与现有的精度改进研究相比，本章提出的新框架引入了 LRP 技术为输入的每项特征附加它们对最终评估结果的贡献。

本章的内容研究提供了一些理论和管理上的启示。

近年来，随着金融业务向融入互联网发展方向转型，信用风险评估在金融领域越来越受重视。利用网上大数据进行信用风险评估已引起金融界和信息系统界的广泛关注。虽然已有文献认可人格特质在风险评估中的有效性，但还没有研究在中文背景下通过机器学习探索社交媒体中的人格特质，并将提取的人格特质应用于风险评估过程。

本章首先通过问卷调查收集被调查者在社交媒体上的发帖及其个性特征，并通过 BERT 训练一个基于中文的个性特质挖掘模型。以往的研究主要集中在以英语环境为基础，通过调查来探索人格特质的模式上。本章的研究是第一次通过深度学习来研究中文背景下人格特质挖掘的探索。

同时，本章提出了一个基于个性特质挖掘模型和其他深度学习技术（即深度神经网络和 LRP）的集成框架。此框架的贡献之一是可解释性的引入。很多领域已经证明了传统的深度学习模型，如深度神经网络，是有效却缺乏透明度的。换句话说，模型的最终输出不能呈现其底层机制。因此本章在深入学习结构之后应用 LRP 来回传输出，从而生成决定客户风险标签的每个特征贡献。这是第一个将人格特质融入可解释的深度学习的研究。

这项探索也为信贷市场提供了一些启示。良好的信用风险评估模型可以使金融机构避免损失，促进金融市场的良好发展。

该框架中的个性特质挖掘模块可以通过深度学习方法（BERT）提取客户的个性特质。更具体地说，这个模块是面向中文用来处理海量的社交帖子。因此，金融机构可以从人格特质的角度来理解客户，而无须进行花费大量时间和成本的活动，例如问卷调查。

此外，与传统的深度神经网络相比，本书提出的框架结合了 LRP 技术来回传预测的客户风险信息，从而产生每项特征对客户标签的贡献。也就是说，该框架能够对评价结果的内在机制生成解释，解决了传统深度学习技术的黑箱问题。

因此，金融机构可以运用该框架来提高评估绩效，同时对评估结果进行解释。高精度的评估有助于节省大量的时间和成本，并在评估的基础上作出相应的决定，如是否批准贷款申请。

这项研究在未来还有很大的提升空间。

第一，未来的工作可以扩展 BERT 模型，以便更好地评估申请人的个性特质。

第二，目前只有 187 份有效问卷用于人格特质挖掘模型的训练和测试，其实还可以增加有效调查问卷的数量。

第 4 章

传统企业信用评级

4.1　企业信用评级概述

4.2　相关工作总结

4.3　传统信用评级方法

4.4　信用评级模型构建

4.5　本章小结

企业信用评级对金融市场具有重要的意义，现有大量关于企业信用评级的研究。

本章将回顾企业信用评级的发展历史，总结现有的信用评级研究，同时在真实数据集上探索不同的特征选择结果，比较不同模型对企业信用评级结果的影响。

4.1 企业信用评级概述

在金融市场中，信用评级对金融投资者具有重要意义。

评级机构标准普尔的官网上有这么一句话：

Credit ratings help facilitate an efficient capital marketplace. They provide transparent third-party information that's not only forward-looking, but standardized for consistency.

这句话指出了信用评级的作用，它可以提供透明的第三方信息，有效地促进资本市场的健康发展。信用评级机构提供的信用评级是为市场衡量投资风险的重要指标之一，信用评级的主体包括企业发行的债券或者企业本身[77]。

- 债券信用评级以企业发行的债券为主体进行信用评估，目的是衡量债券可以按期还本付息的概率
- 企业信用评级以企业为主体进行信用评估，目的是衡量企业履行义务的概率。与债券信用评级相比，企业信用评级更关注企业整体的情况，而不是单品种债券。

两种类型的信用评级对金融市场都很重要，市场上的投资者和企业之间存在信息不对称，因此投资者面临着投资风险，通过信用评级，投资者可以快速评估企业的风险属性，然后做出投资决策。更具体来说，在金融市场上，投资者会面对大量的企业及企业发行的债券，这些企业与相应的债券在信用风险上存在很大的差异，但是投资者并不会像企业一样了解这些风险，因此投资者需要收集相关信息去进行分析和判断，进而做出合适的投资决策。比如有些企业可能看上去经营正常、状况良好，但是财务状况不佳，投资者从表面信息无法进行判断。此时如果没有一个风险指标供投资者参考，那么投资者可能会做出错误的投资决定，这样不利于金融市场的健康发展。在这种情况下，信用评级可以为投资者提供参考，提升金融市场的效率。

穆迪公司的创始人约翰在1909年首次对美国铁路公司的债券进行了信用风险评估，之后评级对象慢慢扩展到其他债券。随着经济的发展，穆迪、标准普尔和惠誉公司依次成立。在这三家公司发展初期，它们通过向投资者销售信用评级结果盈利，即投资者付

费模式。顾名思义，投资者付费模式需要投资者付费让评级机构为相关主体进行信用风险评估。但在 20 世纪 70 年代，大型评级机构的收费模式发生了改变，发行人付费模式进入了之前单一的投资者付费模式的评级市场。

White（2010）[78]提出了引发这种变化的几种原因：投资者付费模式会由于复印机的高速发展使得未付费的投资者可以无本获利；1970 年美国宾州中央铁路公司的破产让其他企业意识到投资者了解它们信用的重要性，评级机构也意识到企业是愿意付费进行评级的；评级市场是个双边市场，任意"一边"付费或者混合模式付费都是可行的。

当然这种付费模式的转变带来一些争议。发行人付费模式的突出优点是评级机构能获取更加全面的发行人信息，有利于更加准确地评估信用风险；缺点是评级机构为了获取评级业务可能降低评级标准、调高评级分数，评级机构恶性竞争环境下这种情况会更加严重。但是，评级机构尤其是大型评级机构为了它们的长期商业信誉不太会降低标准去迎合发行人，只有塑造了合格的品牌形象，它们的评级结果才更可能被金融市场所接纳。事实上，一直以来市场对评级机构的评价是评级机构的评级过于严苛。

目前市场上国外评级机构以发行人付费模式为主，投资者付费模式占比较低，这种混合模式从一定程度上也可以降低这种对评级过于严苛的担忧。世界范围内有上百家本地及国际信用评级机构，前文提到的穆迪、标普和惠誉独占鳌头[78,79]。尽管这三家主要的评级机构成为金融市场参考的信用提供源，但是其他评级机构（如伊根琼斯，Egan-Jones Rating）并没有被淘汰。此外，银行也有内部信用评级系统用来进行信用评估[12,83]。

信用评级的输出是代表有序信用风险水平的等级。

表 4.1 总结了三家大型评级公司的评级信息。基本原则是等级越高表示企业的信用风险越小。如在标准普尔公司的评级里，最高级 AAA 代表获得该项评级的企业信用最好，相反等级 D 则表示企业有违约记录。同时，评级大体分为两个类别：投资级和投机级，投资级风险较小，投机级风险较大，不确定性强，违约风险较高。

表 4.1　各评级机构信用评级信息

评级机构	等级	评级
标准普尔	投资级	AAA
		AA
		A
		BBB
	投机级	BB
		B

续表

评级机构	等级	评级
标准普尔	投机级	CCC
		CC
		C
		D
惠誉	投资级	AAA
		AA
		A
		BBB
	投机级	BB
		B
		CCC
		CC
		C
		RD
		D
穆迪	投资级	Aaa
		Aa
		A
		Baa
	投机级（非投资级）	Ba
		B
		Caa
		Ca
		C

然而，尽管信用评级在金融市场非常重要，但此过程需要花费大量的时间和人力去收集企业各方面的信息，分析企业，进而给出合理的评级。在此过程中，评级机构要考虑企业的两方面信息：定量信息和定性信息[81]。评级机构通常从不同的维度来评估企业的信用状况，例如，战略竞争力和运营层面的细节，业务状况和财务指标[82,83]。同时由于信用评级要花费大量的精力和时间，因此企业的评级并不会经常更新。不及时更新的信用评级可能导致市场中潜在投资者和监管机构去评估企业不准确，引发投资者的批评，增加监管压力[84]。

除了现存的研究强调企业的不同方面外，已有研究的一个主要类别是机器学习方法的运用，例如神经网络[82,85-88]、支持向量机[82,89]和其他混合模型[90,91]。同时，现有研究也利用了统计学模型，如多元判别分析、线性回归模型、逻辑回归模型来解释不同变量对信用评级结果的影响[24,77,92-94]。这类研究期望以常规的企业指标利用不同的模型提升信用评级的表现。

本书在本章和下一章重点关注企业信用评级，回顾关于企业信用评级的研究，同时利用统计学模型和机器学习模型，基于真实数据集进行企业信用评级。

4.2 相关工作总结

4.2.1 企业信用评级概述

信用风险评估问题是金融领域的一个重要问题，其目的在于区分优质的和不良的申请主体。信用评估是金融机构信用管理的一个重要过程，包括收集信息、分析信息及决策。比如对于商业银行来说，银行贷款业务是主要的利润来源，而信用评估决定了银行贷款的效率。当信用评分主体为企业时，评分结果被称为信用评级。

上文提到信用评级机构可能出于某些原因对评级结果进行夸大，因此有些学者开始探讨信用评级机构提供的信用信息是否可信。

Stolper等（2009）[95]研究了信用评级中重复委托代理的问题，这些机构可能会因此为市场提供虚高的评级信息，该研究同时发现存在一种能够使信用评级机构提供客观评级的机制。如果一家信用评级机构的表现不如其他机构，那么监管机构应该在未来一段时间内拒绝批准该机构开展信用评估业务，同时通过减少批准的信用评级机构数量来对那些评级客观的信用机构予以奖励。

Duan和Van Laere（2012）[96]指出自2008年金融危机后，信用评级作为信用风险指标的可信度进一步下降，与此同时，信用评级机构受到了各方（如投资者）的严格审查，他们期望可以借此增强评估信用标准的透明性，尽可能准确评估信用风险等。新加坡国立大学风险管理研究所将信用评级视为一种公共利益，采用一种定量的方法去进行违约预测，并在此基础上采用前向强度模型对信用评级进行改革。

在金融市场上，投资者参考信用评级机构提供的评级结果进行金融投资，然而对于同一家企业，不同的评级机构由于采取了不同的评级标准，进而提供不同的评级结果。

Cantor 和 Packer（1997）[97] 分析了评级的差异性是否反映了不同的评级标准，或者这种差异只是来自样本选择偏差。结果显示，总体来说评级结果的差异性是由评级标准的不同引起的，同时大规模的发行人更愿意去获取第三方的评级信息。

信用评级机构不仅公布评级结果，还会公布评级展望和评级观察。Bannier 和 Hirsch （2010）[98] 考查了自 1991 年正式引入评级审查是否影响了信用评级的信息含量，结果显示引入审查后，评级下调会导致更强烈的市场反应，同时他们探索了引入评级审查后评级机构在金融市场中经济作用的变化，实际结果证实了评级审查能够为金融市场增加更多的细节：直接下调评级表明发行人缺乏维持其信用质量的能力，而评级审查名单中评级下调则向市场呈现了发行人在这方面缺乏成功的尝试。

正是由于信用评级在金融市场上的重要性，所以一直有学者在讨论信用评级机构存在的一些问题。Mullard（2012）[99] 关注信用评级机构与 2008 年金融危机之间的关系，探讨了两种观点，一种观点认为信用评级机构并不能预测金融危机，另一种观点指出信用评级机构使用的数学模型的缺陷、评级过程中的利益冲突及机构的垄断地位导致了制度失灵。Scalet 和 Kelly（2012）[100] 指出 2008 年的金融危机使得信用评级机构面临着严格审查，总结了信用评级机构中的行业伦理，通过信用评级的发展历史，他们回顾了近年来对信用评级机构的质疑，如利益冲突、透明度缺乏等，探讨了当前有关评级机构改革的方案，包括自由市场方法、政府监管方法等，研究了信用评级的道德规范，从作为公共产品的评级、对评级权威的不匹配预期、公平和公正的非福利考虑，以及企业责任与信用评级行业的相关性 4 个方面进行了探讨。

Forst（2007）[101] 重点讨论了 2001 年发生在美国的安然（Enron）公司破产案（该破产案件引发了金融市场对信用评级机构的质疑），回顾了对信用评级机构的那些批评，指出对于信用评级信息披露的 3 个担忧。

1. 机构不愿意披露太多关于评级过程的信息。信用评级的用户并不清楚评级机构的评级标准，事实上评级是付费服务，因此机构并不想过多披露他们评级过程。

2. 机构会选择性披露信息。选择性披露包括在评级结果公布之前向订阅人提供评级信息以及部分可以展示给订阅人但无法披露给公众的信息。一些评级机构生成它们向订阅人和公众同时公布评级信息，但是有关发行人或其行业的背景信息只会披露给订阅人，也就是说订阅人可以更好地了解评级报告等信息。

3. 机构可能无意间透露关于被评级对象的隐私信息。被评级对象的某些信息可能只愿意披露给评级机构去帮助它们进行评级，而不愿意将其暴露于公众视野，因此评级机构会在公布相关信息之前让被评级对象审查评级相关信息，确保不会有些隐私信息被错误披露。

大型的信用评级机构在金融市场中扮演着两种角色：

1. 对被评级对象进行估值；
2. 促进金融交易。

在扮演第 1 种角色时，评级机构收集被评级对象相关信息并进行分析，从而获取信用质量相关估计值，并将这些分析结果提供给金融市场参与者，如投资人等；在扮演第 2 种角色时，信用评级是有效的信用质量基准，可以促进包括金融监管在内的合同签订。

除了对信用评级机构的探讨，学者也研究不同国家的信用评级行业。Livingston 等（2018）[102] 分析了中国债券市场和相应的信用评级行业，发现中国债券评级中包含关于违约风险的信息，投资者根据他们对评级机构的声誉感知来判断不同机构发布的评级信息，而不同信用评级机构的评级标准具有很大的差异。该研究同时比较了中国信用评级机构与国际信用评级机构，指出两者虽然用了类似的字母去表示评级等级，但是它们的评级并不具有可比性，基于国债收益率利差，国内信用评级机构的 AAA（AA+）等级与国际信用评级机构的 A（BBB）等级相似，而国内的评级粒度相对比较粗糙，粗糙的评级标准会将违约风险存在差异的债券归于统一评级类别。Shin 和 Moore（2003）[103] 探索了在日本的行业环境下不同国家信用评级机构的评级结果区别，分别比较了 2 家美国评级机构和 2 家日本评级机构对日本企业的信用评级，发现美国评级机构对日本企业的评级低于日本评级机构的评级，但是两者相关性较高。

总而言之，信用评级对于金融市场的高效率运转有重要的作用，信用评级由评级机构提供。信用评级机构收集被评级对象（即企业）各方面信息并进行分析，获取相关的信用质量信息提供给订阅者，供市场作为风险参考。尽管评级机构可以提供金融市场需要的评级分数，但是它们仍然受到很多质疑。发行人付费模式和投资者付费模式在评级市场中并存，两者各有优缺点。其中发行人付费模式可以让评级机构更充分地获取发行人的相关信息，从而进行更全面的分析与信用风险评估，而这种付费模式在监管不力和存在利益冲突的情况下容易造成恶意竞争，导致评级结果虚高；投资者付费模式可以避免利益冲突，但是容易出现"搭便车"现象，相比发行人付费模式，该付费模式下获取的发行人相关信息有限，导致评级机构不够精确，不能反映真实的信用风险。

4.2.2 企业信用评级研究现状

前文提到评级机构通常从不同的维度来评估企业的信用状况，例如企业在整个行业中的发展潜力或竞争力。学者将企业不同的层面信息应用于信用评级，如战略竞争力和操作层面的细节[82]。信用评级中使用的变量可以分为两个方面：企业地位和财务指标[83]。

基于上述相关特征，信用评级领域应用了统计学和人工智能方法。自 1959 年以来，就已经采用了一些统计学方法，如普通最小二乘法（OLS）、有序逻辑回归法（OLR）和有序概率模型（OPM）[82,83]。近年来，人工智能方法被广泛应用于预测和分类，包括信用评级，如支持向量机和神经网络。Lee（2007）[89]指出，机器学习模型也可以应用于信用评级预测。与人工智能模型相比，统计方法对变量对结果的影响具有更强的解释力。然而，后一种方法不需要使用多变量正态性假设来建模。

Dutta 和 Shekhar（1988）[85]总结了神经网络的两个应用领域，即识别和泛化问题，利用 10 个金融变量将神经网络应用于债券评级，并对评级结果进行了分析，指出某些情况下神经网络的表现优于传统的数学模型（如回归模型）的表现。

Surkan 和 Singleton（1990）[86]基于 7 个财务数据，例如股本回报率，采用了一个及一个以上隐含层的神经网络，结果显示多个隐含层的神经网络在该信用评级问题上表现优于仅包含一个隐含层的神经网络，同时通过与判别分析方法的比较，指出虽然神经网络相对于判别分析更复杂，却是更加强大的分类工具。

Shin 和 Han（2001）[104]先进行特征选择，然后应用基于案例的推理方法进行信用评级，在特征选择的第一阶段通过因子分析、方差分析和 Kruskal-Wallis 检验选取 27 个变量，在第二阶段利用多元判别分析最终选定 12 个变量，之后构建一个案例推理系统将领域知识和案例知识应用于评级，该方法增强了评级的整体准确性。

Huang 等（2004）[82]强调了人工智能方法在企业信用评级中的重要性，指出人工智能的方法比传统的统计学方法有更加强大的评级能力。在这项研究中，他们重点利用支持向量机进行信用评级，同时将反向传播神经网络作为对比实验，结果显示支持向量机的评级结果略微优于反向传播神经网络，同时该研究还利用反向传播神经网络进行特征重要性的计算，并将其应用两个数据集去比较在不同市场下不同特征的重要性。

Kim（2005）[87]将财务和非财务因素归纳为规模、盈利能力、杠杆率、资产管理、流动性、现金、价值等 8 大类，通过自适应学习网络模型，经过 4 层网络得到了企业债券的信用评级。同时，该模型可以获取决定评级的各因素重要性。

Lee（2007）[89]引入径向基函数为核函数的支持向量机对企业信用状况进行预测，通过网格搜索技术选取径向基函数的最优参数，并将预测结果与后向传播神经网络、案例推理和多元判别分析进行了比较，结果显示支持向量机的表现优于三种基准模型。

Stefanescu 等（2009）[80]描述了金融机构内部信用评级的形式，构建了一个信用评级过程模型，该模型考虑了评级过程里的异质性，提出了一种贝叶斯估计方法，结果显示 AAA 级对宏观经济冲击的敏感度要低得多。

Doumpos 和 Zopounidis（2011）[105]探讨了用一种优序多准则决策辅助方法进行信用评级，结果显示该方法提供了良好的分类结果，同时该模型所建立的关系模型可供信用评级分析师使用，便于获取反映企业特质的各种信息，并了解有关决策属性的重要性。

Yeh 等（2012）[90]指出，很多信用评级模型关注企业的会计指标而忽略了市场相关信息，因此利用穆迪的 KMV 模型去评估企业的市场相关信息，并将其用于集成了随机森林和粗糙集理论的混合模型进行信用评级，结果显示市场相关信息可以为信用评级提供有用的信息，同时混合模型可用来获得更好的信用评级结果。

Chen 和 Cheng（2013）[91]研究了银行业的信用评级，指出了现有信用评级解决方案中的一些问题，如过于依赖统计技术的严格假设，因此提出了用两个混合模型去解决这些问题，将经验知识与统计方法和人工智能方法相结合，为投资者评估银行的信用状况提供思路。

表 4.2 总结了各研究机构使用的企业特征。

表 4.2　企业信用评级研究特征总结

研 究 机 构	具 体 特 征
Dutta 和 Shekhar（1988）[85]	负债/现金资产、负债率、销售额/净值、利润/销售额、财务实力、盈余/固定成本、过去 5 年收入增长率、未来 5 年收入增长率预测、运营资金/销售额、公司前景
Surkan 和 Singleton（1990）[86]	债务/总资本、税前利息费用/收入、投资回报、5 年 ROE 变动、总资产、建设成本/总现金流、收费收入比例
Shin 和 Han（2001）[104]	企业分类、企业类型、总资产、股东权益、销售额、成立年份、毛利润/销售额、净现金流量/总资产、财务费用/销售额、负债总额/总资产、折旧/总费用、流动资金周转率
Huang 等（2004）[82]	资产总额、负债总额、长期负债/投入资本总额、负债率、流动比率、利息保障倍数、营业利润率、（股东权益+长期负债）/固定资产、速动比率、总资产收益率、股本收益率、营业收入/实收资本、税前净收入/实收资本、最近 5 年的净利润率、营业外收入/销售额、税前净收入/销售额、经营活动产生的现金流量/流动负债、(经营活动产生的现金流量/(资本支出+存货增加额+现金股利))、(经营活动产生的现金流量-现金股利)/(固定资产+其他资产+流动资金)
Kim（2005）[87]	总资产、总资产收益率、股东回报率、利润率、折旧后营业利润率、收入增长、长期负债/总资产、长期负债/总资本、贷款/总资产、税前利息保障、平均税前利息保障、总债务/现金等价物、留存收益/总资产、销售额、应收账款、销售额/总现金储备、销售额/固定资产、销售额/总资产、流动比率、净营运资本/销售额、净营运资本/总资产、现金储备/流动负债、现金流入/存货、现金流入/债务总额、市盈率、市场价值/长期债务、市场价值/账面价值、从属信息

续表

研究机构	具体特征
Lee（2007）[89]	普通收入与总资产之比、利息保障倍数、息税前利润与利息之比、净收入与股东权益之比、股东权益与总资产之比、流动负债、固定比率、利息支出与销售额之比、负债率、应收账款与应付账款之比
Yeh 等（2012）[90]	总资产收益率、利息支出与净销售额之比、负债股权比率、资产增长率、资产负债率、存货周转率、毛利率、销售利润率、股东回报率、营业利润率、每股收益、流动比率、负债率、现金流量充足率、固定资产周转率、债务支付能力、董事会及董事持股比例、董事会成员持有的抵押股份比例、执行董事占董事会成员的比例、独立董事在董事会中的比例、大股东所持股份的比例、KMV
Chen 和 Cheng（2013）[91]	总资产、贷款损失准备 / 贷款总额、贷款损失准备金 / 净利息收入、贷款损失准备金 / 减值贷款、减值贷款 / 贷款总额、净核销额 / 平均贷款总额、净核销额 / 贷款损失准备金前净收入、减值贷款 / 权益、总资本比率、权益 / 总资产、股权 / 净贷款、股权 / 存款和短期融资、权益 / 负债，资本金 / 总资产、资本金 / 净贷款、资本金 / 存款和短期融资、资本金 / 负债、次级债务 / 资本金、净息差、净利息收入 / 平均资产、其他营业收入 / 平均资产、非利息支出 / 平均资产、税前营业收入 / 平均资产、营业外项目和税费 / 平均资产、平均资产回报率，平均股本回报率、股息支付、净利润分配 / 平均权益、营业外项目 / 净收入、成本收入比、经常性盈利能力、净贷款 / 总资产、净贷款 / 客户和短期资金、净贷款 / 存款总额和借款、流动资产 / 客户和短期融资、流动资产 / 总存款和借款

除了表 4.2 中列出的广泛使用的特征外，一些研究还强调特征的选择和扩展。

信用评级中会使用企业的多个特征，然而这些特征可能包含重复信息或者冗余信息，进而导致分类效果不佳，因此学者开始探索在进行信用评级之前进行特征选择，挑选最相关的特征，在保证信息量的同时降低模型复杂度。例如，[83] 在有监督机器学习模型之前进行了特征选择，该研究采用了两种特征选择算法筛选掉可能影响分类结果的冗余或不相关特征，以期望获得更准确的评级结果。利用因子分析和最小熵原理方法降低特征维数，期望获得更好的分类性能。

除了信用评级的基础研究外，还有一些与信用评级相关的延伸课题的研究。

Tang（2009）[106] 讨论了信用评级机构穆迪的信用评级细化问题，讲述穆迪通过引入数值修饰符对原有的 9 大评级等级进行细化，扩展到 19 个等级，表明信息披露可以影响企业的评级，信用评级细化可以降低市场的信息不对称性，即投资者可以更准确地掌握企业的相关信息，进而进行投资决策。

Alp（2013）[107] 分析了 1985 年至 2007 年的企业信用评级标准，并以 1985 年为参照考察了各年评级标准的变化，该研究指出 1985 年到 2002 年里投资级和投机级信用标准变化是不同的，其中投资级信用标准变得更加严格而投机级信用标准变得较为宽松，2002 年到 2007 年间，由于评级标准的提升，即使具有同样的特质，企业的评级都略微下降了，同时指出信用评级标准宽松导致违约率居高不下。

除了对模型的创新，信用评级分析还融入了多种有价值的信息，如信用评级行动报告[108]和新闻[81]。

Agarwal 等（2016）[108] 探索了信用评级机构发布的信用评级行动报告中文本内容是否包含企业信用相关信息，结果显示报告中的情感语调与超额收益率相关，可用于预测未来评级变化。同时该研究发现，高度的利益冲突可能会产出更严格的评级报告，即使在高度利益冲突的状况下，报告里的情感语调仍然可用于预测未来评级变化。与此类研究类似，Mayew 和 Venkatachalam（2012）[109] 的研究中虽未直接提到企业信用评级，但是他们从情感角度分析了来自电话会议音频文件的语音信息，指出语音中的情感信息与被审查企业的财务前景有关。Tsai 等（2016）[81] 研究了新闻和企业档案中的定性信息与信用风险估值之间的关系，通过真实数据的实证分析结果指出越多的新闻报道和越强的负面新闻情感会增加企业信用风险；另外，企业公开文件中披露的风险因素数量越多，企业的信用风险就越高。由此可见这两种信息来源（新闻和文件）在预测发行人未来的信用状况方面发挥着独特的作用。

总结来说，现有对信用评级的研究主要在两方面：模型的构建与新特征的探索。前者注重使用先进的模型或者混合模型，期望以标准特征为基础尽可能获取更准确的评级结果，在这些研究中使用的模型分为统计学模型、机器学习模型和混合模型；后者注重特征的选择，一种方式是通过特征选择获取最相关特征以提升模型精确和降低模型复杂度，另一种方式是探索新的特征（如新闻）来帮助预测信用评级。

本章将采用标准数据集，利用标准特征对不同的评级模型进行建模，同时探索不同的特征选择结果对信用评级带来的影响。

4.3 传统信用评级方法

在信用评级领域，现有的方法包括统计学方法和机器学习方法。其中，统计学方法包括多分类逻辑回归、多元判别方法等；机器学习方法包括神经网络、支持向量机和随机森林等。

本章在进行信用评级过程中会使用到多分类逻辑回归、多元判别方法、神经网络、支持向量机和随机森林。相比第 2 章的信用评分问题，信用评级是个多分类问题。

图 4.1 所示为二分类问题示意，图中的观测点可以分为两类（圆形和三角形），分类模型就是为了将两类数据识别出来，相比于聚类问题，分类问题是已知观测点的标

签,根据观测点的特征和标签来学习,之后可以判断输入数据所属的类别。

图 4.2 所示为多分类问题示意。多分类问题更具体来说是三分类问题,图中就展示了三类观测点。多分类模型是为了将不同类别的数据识别出来,可能的类别会是三类中的任意一类。

图 4.1　二分类问题示意　　　　　图 4.2　多分类问题示意

第 2 章中介绍的神经网络、支持向量机和随机森林这三种方法不仅可以用于二分类问题,同样可以用于多分类问题。下面将简单地介绍前面的章节中未涉及的多元线性判别和多分类逻辑回归这两种方法。

1. 多元判别分析(Multiple Discriminant Analysis,MDA)

线性判别分析可以推广到多元判别分析,其中分类变量不是只有两个,而是两个以上。线性判别分析算法的思想是希望数据映射后同类中数据之间的距离尽可能近,不同类别的数据中心之间的距离尽可能远。线性判别分析涉及两个概念:类内散度矩阵和类间散度矩阵。

图 4.3 所示为针对二分类问题的线性判别分析示意。

类间散度矩阵不再适用于多分类问题,因此多元判别分析使用全局散度矩阵,但其分类原理与二分类下线性判别分析原理相同。

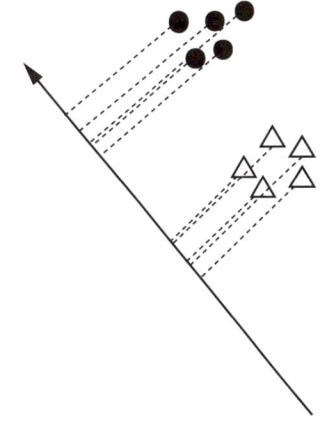

图 4.3　二分类线性判别分析示意

2. 多分类逻辑回归(Multinomial Logistic Regression, MLR)

逻辑回归是一种广义线性模型,用来解决二分类问题。在二分类逻辑回归模型中,每个样本属于类别 1 和类别 0 的概率分别是:

$$P(y=1|x;\theta) = h_\theta(x)$$

$$P(y=0|x;\theta) = 1 - h_\theta(x)$$

其中：

$$h_\theta(x) = \frac{1}{1+e^{-z}} = \frac{1}{1+e^{-\theta^T x}}$$

其回归示意如图 4.4 所示。

而多分类逻辑回归模型可以看作是逻辑回归的拓展形式，该模型考虑有 3 个或者 3 个以上类别的情况。如用户对商家进行评价时有非常满意、比较满意、一般、不太满意、很不满意 5 种类别。同理，在多分类逻辑回归中，因变量是由自变量预测得到。假设类别共 K 个，那么每个样本属于某个类别的概率为：

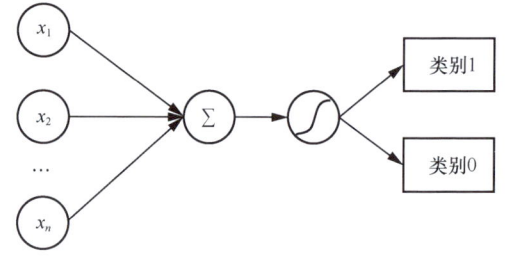

图 4.4　逻辑回归模型示意

$$P(y=k|x;\theta) = \frac{e^{\theta_k^T x}}{\sum_j e^{\theta_j^T x}}$$

其回归示意如图 4.5 所示。

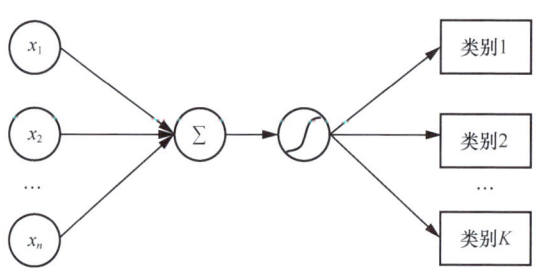

图 4.5　多元逻辑回归模型示意

4.4　信用评级模型构建

4.4.1　数据集描述

本节在现有研究[110]基础上进行信用评级模型构建，采用的数据集由 901 家上市公司组成，包括 2013 年、2014 年和 2015 年这三年的四个季度的数据，其中财务特征来自于彭博社,信用评级数据来自于标准普尔公司。由于 2013 年度的数据缺失 2 家公司 4 个季度的记录,所以总计共有 899 家企业的数据。

信用评级共 22 个等级,分别为 AAA、AA+、AA、AA−、BBB+、BBB、BBB−、BB+、BB、BB、CCC+ 等,由于 CCC+ 等级以下(包含 CCC+)的样本量较少,因此该 22 个等级被映射到 4 个类别中。事实上,很多历史研究具有不同的等级映射方案,表 4.3 展示了本章节采用的映射方案。

表 4.3 信用等级映射方案

评 级 等 级	等级映射后类别
AAA、AA+、AA、AA−、A+、A、A−	A
BBB+、BBB、BBB−	B
BB+、BB、BB−	C
B+、B、B−、CCC+、CCC、CCC−、CC、C、D	D

图 4.6 展示了 2013 年的总体等级分布,从图中可以看出等级 B 所占比例最高,约 33%,等级 C 紧跟其后,比例为 29%,相对来说等级 A 的占比最少,说明评级机构的评级比较谨慎。

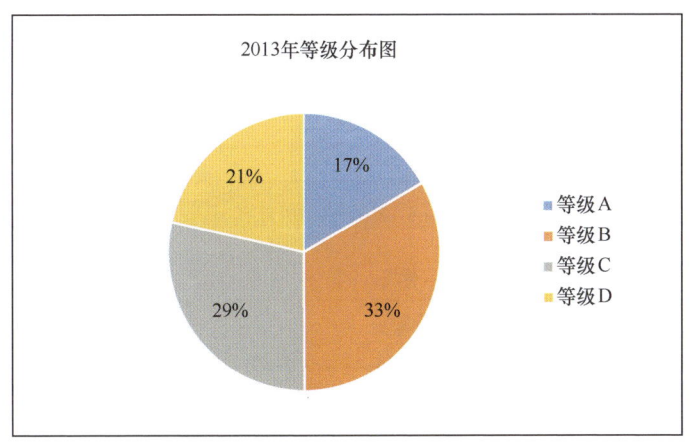

图 4.6 2013 年等级分布

图 4.7 展示了 2014 年的总体等级分布。与 2013 年相比,等级分布并没有发生明显的变化,等级 B 所占比例最高,仍然为 33%,等级 C 所占比例变为 30%。

图 4.8 展示了 2015 年的总体等级分布,相比于 2013 年与 2014 年,等级 D 的占比增高,说明在所选样本中,整体的信用风险略微增高。

各季度具体的信用等级分布见本书附录 A。同时,表 4.4 展示了评级使用的 25 个特征。

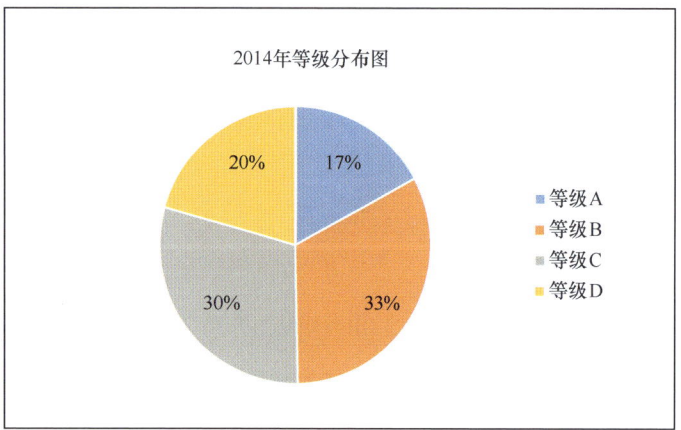

图 4.7　2014 年等级分布

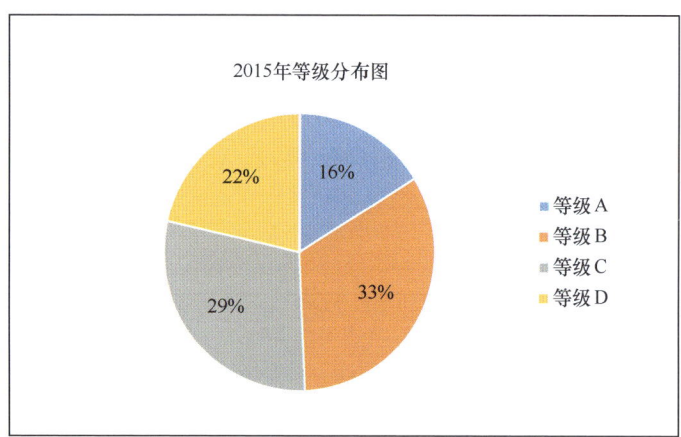

图 4.8　2015 年等级分布

表 4.4　用于评级的 25 个特征

编号	特征信息（英文）	特征信息（中文）
1	Total Assets	总资产
2	Cash	现金
3	Debt in Current Liabilities	流动负债
4	Long-term Debt (Total)	长期债务
5	Liabilities (Total)	负债
6	Retained Earnings	留存收益
7	Dividends per Share	每股股利
8	Sales/Turnover (Net)	销售额
9	Stockholders Equity	股东权益

续表

编号	特征信息（英文）	特征信息（中文）
10	Interest and Related Expense	利息及相关费用
11	Market Value	市场价值
12	Comprehensive Income (Parent)	综合收益（母公司）
13	Comprehensive Income (Total)	综合收益（总计）
14	Inventories (Total)	存货
15	Earnings Per Share from Operations	每股经营收益
16	Revenue (Total)	收入
17	Operating Activities (Net Cash Flow)	经营活动（净现金流量）
18	Financing Activities (Net Cash Flow)	筹资活动（净现金流量）
19	Investing Activities (Net Cash Flow)	投资活动（净现金流量）
20	Current Ratio	流动比率
21	Return on Assets (ROA)	资产收益率
22	Return on Equity (ROE)	净资产收益率
23	Return on Sales (ROS)	销售利润率
24	Gross Profit Margin	毛利率
25	Net Profit Margin	净利润率

4.4.2 评价指标

信用评级是一个多分类的问题，利用分类模型根据企业的指标数据（见表 4.4）对企业信用进行评级，共 4 级（见表 4.3）。由于其依旧是个分类问题，本研究将采用分类中的 4 个指标对评级效果进行评估，分别是准确率（Accuracy）、精确度（Precision）、召回率（Recall）以及传统 F1 测度值（F-measure）。这 4 个指标已在第 2 章中介绍过，在多分类问题上，只需要将其拓展到多个类别中进行计算并取平均即可。

比如准确率，其定义为被正确分类的样本数占总样本数之比，那么该多分类问题下就是被正确分为 A、被正确分为 B、被正确分为 C 和被正确分为 D 的样本数相加占总样本数的比例。

4.4.3 特征选择

上述三个数据集都存在部分数据缺失的问题。数据缺失是数据处理中较常见的一种情况，数据缺失有多种原因，如有些信息当时无法获取、信息获取代价过大等。

缺失值的产生有三种机制，分别如下。

- 完全随机缺失

完全随机缺失指的是缺失的数据与自身变量和其他任何变量都没有关系。比如在收集仪器的数据时，仪器出现故障导致数据缺失，这种缺失情况称为完全随机缺失。

- 随机缺失

缺失的数据可能与该变量自身无关而与其他变量有关的情况被称为随机缺失。比如在对收入进行调查中，人们是否透露收入与收入值本身无关，但是与其性别、受教育程度等其他变量有关。

- 非随机缺失

非随机缺失指数据的缺失与自身变量有关，比如上述调查发现收入的缺失与收入高低有关，收入高的人不愿意透露自己的收入，收入低的人愿意配合调查，那么在这样的情况下就显示出来收入数据的缺失情况与收入这个变量本身有关，被称为非随机缺失。

数据缺失导致无法进行后续的分析及建模，因此需要对缺失的数据进行处理。现有多种传统的缺失值处理方法。

- 不处理

有些模型本身有处理缺失的机制，所以不处理是一种方法。

- 删除法

如常用的列删法，如果一个变量的缺失值过多，那么删除该变量是一种处理方式。

- 填补法

对缺失值填补，让信息完备。用来填补的方法有很多种，如均值法、回归法、热卡填充、最近邻估算等。

本研究中使用的 3 个数据集都存在数据缺失问题，为了后期成功建模，需要首先对数据进行填补。本研究将采用最近邻估算（K-nearest neighbors，KNN）的方式对数据进行填补。填补时考虑样本之间的距离，在数据集中选取 k 个最近邻居的平均值或者加权值来填充缺失值。

在补齐数据之后，利用十折交叉验证（10-fold cross validation）的方式进行企业信用评级。将每个数据集分为十份，依次将其中 9 份作为训练集，剩余 1 份作为测试集，重复 10 次，每次实验都会获取相应的模型结果，将 10 次实验结果的平均值作为该数据集的信用评分效率。

4.4.4 模型构建

本研究采用多元逻辑回归（Multinomial Logistic Regression，MLR）、多元判别分析

（Multiple Discriminant Analysis，MDA）、神经网络（Neural Network，NN）、支持向量机（Support Vector Machine，SVM）和随机森林（Random Forest，RF）进行信用评级。

首先，从准确率（Accuracy）、精确度（Precision）、召回率（Recall）以及传统F1测度（F1）4个指标展示了5种模型的整体评级效果，具体见表4.5。

表 4.5　评级结果

		MLR	LDA	NN	SVM	RF
2013 年	Accuracy	0.4289	0.4944	0.5911	0.4944	0.6456
	Precision	0.6296	0.5841	0.6195	0.5713	0.6675
	Recall	0.3821	0.4563	0.5709	0.4656	0.6305
	F1	0.3664	0.4662	0.5765	0.4771	0.6400
2014 年	Accuracy	0.4757	0.5465	0.5985	0.5243	0.6670
	Precision	0.6268	0.6354	0.6241	0.6015	0.7053
	Recall	0.4226	0.5176	0.5888	0.5047	0.6545
	F1	0.4225	0.5376	0.5953	0.5235	0.6683
2015 年	Accuracy	0.4447	0.5133	0.6139	0.5044	0.6991
	Precision	0.5514	0.5848	0.6353	0.5781	0.7367
	Recall	0.3922	0.4816	0.6107	0.4876	0.6915
	F1	0.3916	0.4994	0.6091	0.5007	0.7069

下面将展示表现最差的多元逻辑回归（MLR）模型及表现最好的随机森林（RF）模型的结果。

表4.6展示了多元逻辑回归（MLR）在三个数据集上的结果，结果显示该模型在三个数据集上表现相似（10次累计结果）。该模型将样本大部分归类于等级B和C，其中对真实评级D的评级效果最差，该模型会将大部分真实评级为D的公司误评级为C，少部分误评级为B。从该混淆矩阵中可以看出，该模型对真实评级为B、C的公司分类效果最好。

表 4.6　多元逻辑回归（MLR）混淆矩阵

		MLR 评级结果			
		A	B	C	D
2013 年真实评级	A	37	112	13	0
	B	6	205	61	0
	C	5	148	126	1
	D	0	76	92	18

续表

		MLR 评级结果			
		A	B	C	D
2014 年真实评级	A	47	118	8	0
	B	10	201	68	1
	C	4	121	157	4
	D	0	33	107	25
2015 年真实评级	A	33	120	12	0
	B	9	198	68	15
	C	0	130	139	9
	D	0	45	94	32

表 4.7 展示了随机森林（RF）在三个数据集上的结果，同理结果显示该模型在三个数据集上表现相似（10 次累计结果）。相比于多元逻辑回归模型，随机森林的表现更好。从 2014 年的数据中可以看到，大部分公司被模型分类为它们的真实评级，在逻辑回归模型中分类效果最差的 D 等级公司在该模型中表现较为优异，大部分真实为 D 的公司被评级为 D。

表 4.7 随机森林（RF）混淆矩阵

		RF 评级结果			
		A	B	C	D
2013 年真实评级	A	83	68	2	9
	B	27	209	30	6
	C	1	68	172	39
	D	0	3	66	117
2014 年真实评级	A	93	76	2	2
	B	23	221	35	1
	C	3	75	180	28
	D	0	2	54	109
2015 年真实评级	A	99	65	1	0
	B	28	222	39	1
	C	0	73	186	19
	D	0	1	45	125

4.4.5 特征选择后模型构建

由于信用评级涉及企业的多个指标,而这些指标对最终评级结果的重要性并不相同,同时过多的指标可能降低评级效果,因此信用评级研究会涉及特征选择。

特征选择属于特征工程,指的是在现有的特征中选择部分特征优化模型效果,是数据输入模型之前重要的数据处理过程。在信用评级背景下,特征选择可以优化评级效果,使得分类更加准确。

特征选择有若干好处,比如通过特征选择提取最重要的特征去除冗余特征,进而缓解过多特征带来的过低的模型效率,同时并不是所有特征都与因变量相关,去除无关特征可以降低模型学习的难度。特征选择包括 4 个过程,依次是生成过程、评价函数、停止条件和验证过程,流程示意如图 4.9 所示。

- 生成过程

生成过程即搜索过程,该过程生成进入评价函数里的特征子集。该搜索过程包含 3 种策略,分别是完全搜索、启发式搜索和随机搜索。

- 评价函数

评价函数用来对评价生成过程中生成的特征子集输出一个值,将该值与当前最优特征子集生成的值进行评价,用来评价特征子集的优劣。常用的评价函数有 5 种,分别是距离度量、信息度量、依赖度量、一致性度量和误分类率度量。

- 停止条件

顾名思义,停止条件指的是让迭代过程停止的条件。停止条件有 4 种,分别为达到预设的迭代次数、达到预设的最大特征数、改变任何特征都不会产生更好的特征子集和根据评价函数的值生成最终的特征子集。比如设置一个阈值,当评价函数的值到达该阈值,特征选择的迭代过程就自动结束。

- 验证过程

验证过程用来验证选取的特征子集的有效性。

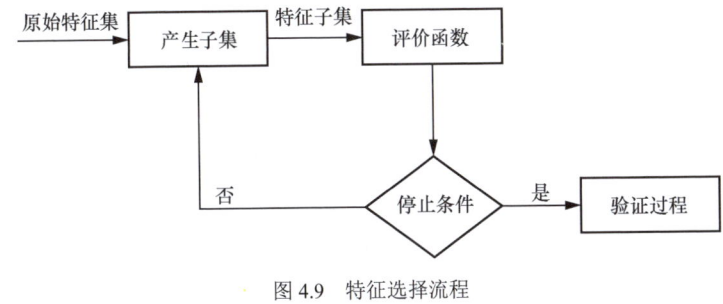

图 4.9 特征选择流程

为了提高信用评级的效果，本研究将通过特征选择选取最优特征子集，然后输入前述 5 种模型。

根据特征选择的形式，将特征选择方法分为 3 种，分别如下。

- 过滤法（Filter）：过滤法指的是依照相关性对所有特征进行评分，通过设定的阈值或者设定的特征个数选择相应的特征子集。独立地选择特征可能会忽略特征之间的相关性。
- 包装法（Wrapper）：包装法是使用最后要用的分类器作为评价函数，对于特定的分类器根据目标函数每次选择最佳特征或者排除最差特征。
- 嵌入法（Embedded）：嵌入法与过滤法类似，但是会使用模型进行训练，得到各个特征的权值系数后根据该系数进行排序，进而进行特征选择。在该过程中，模型训练和特征选择是同时进行的。

本研究将采取这 3 种方法进行特征子集的选择，将分别分析 3 个数据集（2013 年、2014 年和 2015 年）里十折交叉检验中的一份数据，之后比较不同的特征选择方法的结果，最终通过选择的特征进行信用评价。

过滤法常用的方式有相关系数法、卡方检验、方差分析、互信息及最大信息系数法；包装法常用的方式是递归特征消除；嵌入法常使用基于 L1 的特征选择。

方法一：过滤法

本研究使用了单变量特征选择中的卡方检验、方差分析和互信息法三种方式。

卡方检验

卡方检验是检验两个变量之间的关系。在特征选择中，卡方检验用来计算特征与因变量之间的卡方统计量，并根据该统计量对特征进行排序。卡方值越大，特征与因变量之间的相关性越大；卡方值越小，特征与因变量之间的相关性越小。

方差分析

方差分析指的是检验两个或两个以上的样本均数是否有显著差别，其中利用 F 值这个检验统计量可以用来进行判断。F 值越大，特征与因变量之间的相关性越大，该特征对分类结果的影响越大；F 值越小，特征与因变量之间的相关性越小，该特征对分类结果的影响越小。

互信息法

互信息法在基于信息增益的概念下衡量特征与因变量之间的相互依赖性。

$$I(X;Y) = E[I(x_i; y_j)] = \sum_{x_i}\sum_{y_j} p(x_i, y_j) \log \frac{p(x_i, y_j)}{p(x_i)p(y_j)}$$

互信息越大，特征对因变量的不确定性越小，该特征对分类影响越大；互信息越小，特征里包含因变量的信息越少，该特征与因变量的相关性越小。

通过这三种方式，特征会有相应的排序。图 4.10 展示了在 2013 年第一季度数据集上的特征重要性排序，虽然在该数据集上使用了三种不同的过滤法对各个特征进行排序，但是排序结果具有一定的共性，比如第 11 个特征（即 Market Value）在使用不同方法进行特征排序时，都具有很高的重要性。在 2013 年第二季度到第四季度数据集上进行同样的操作，结果与第一季度相似。

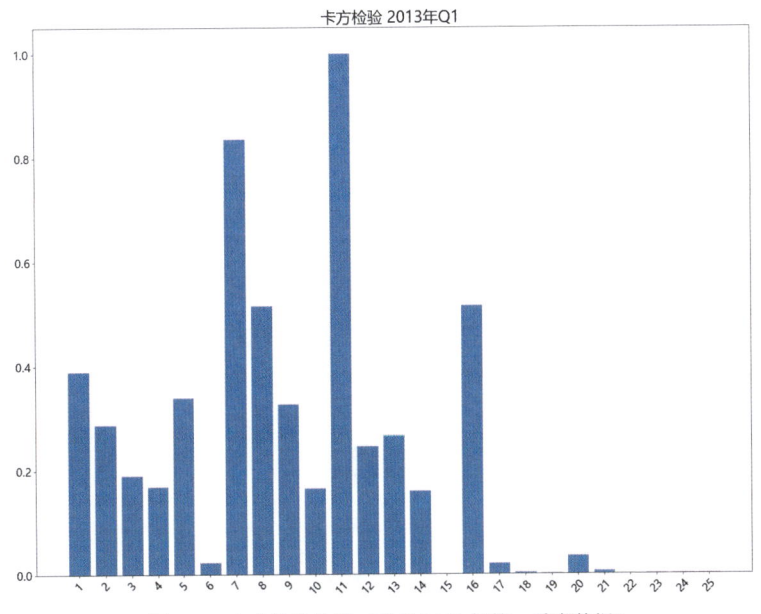

图 4.10　卡方检验结果（基于 2013 年第一季度数据）

同理，在 2014 年和 2015 年的数据集上进行同样的操作，第一季度的结果分别如图 4.11 和图 4.12 所示。在不同的数据集上采取同样的特征选择方法会得到不同的特征重要性排序，这样的结果是合理的，因为即使是对同一个问题（如这里探讨的信用评级），不同时间段下，对结果（如评级）产生影响的因素重要性并不相同。但是，同一个特征选择方法在 3 个数据集上的结果表明，虽然不同数据集上特征的重要性并不完全相同，但是具有一定的一致性。比如在卡方检验下的特征选择，第 8 个、第 11 个和第 16 个特征在 2013 年、2014 年和 2015 年第一季度数据下都是非常重要的特征，而第 18 个和第 19 个特征则是相对来说不重要的特征。

方差分析和互信息法获取的结果在不同数据集上呈现出自身相似的规律。图 4.13、

图 4.14 和图 4.15 分别展示了方差分析在 2013 年、2014 年和 2015 年第一季度数据中得到的结果。

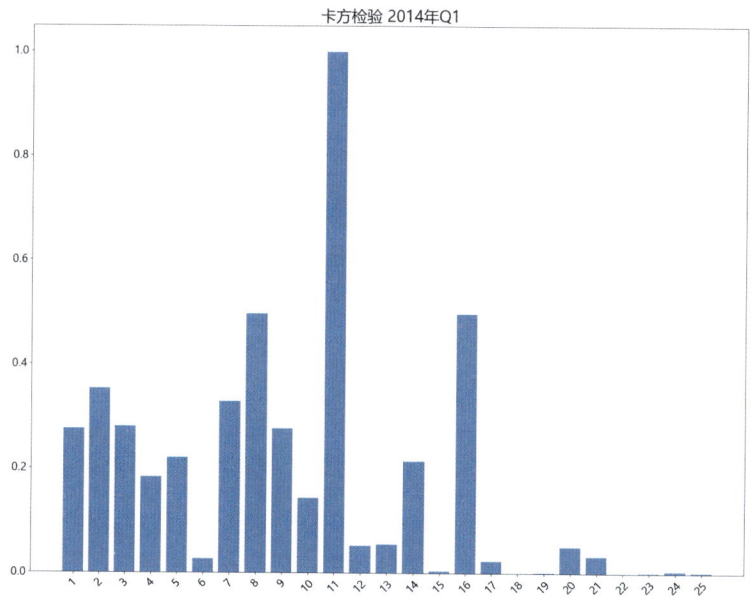

图 4.11　卡方检验结果（基于 2014 年第一季度数据）

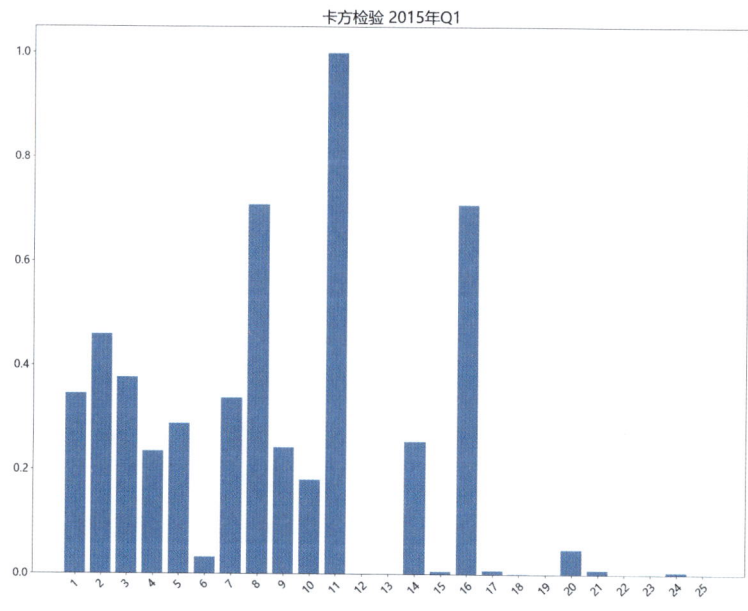

图 4.12　卡方检验结果（基于 2015 年第一季度数据）

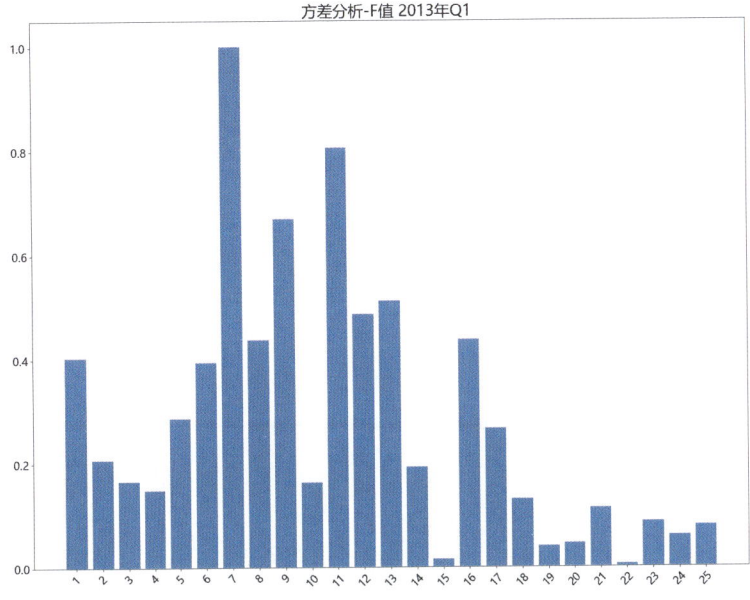

图 4.13　方差分析结果（基于 2013 年第一季度数据）

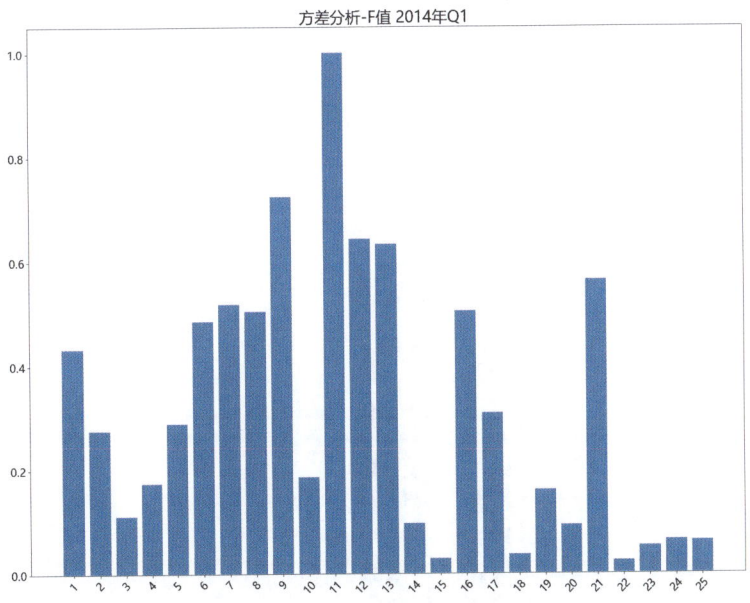

图 4.14　方差分析结果（基于 2014 年第一季度数据）

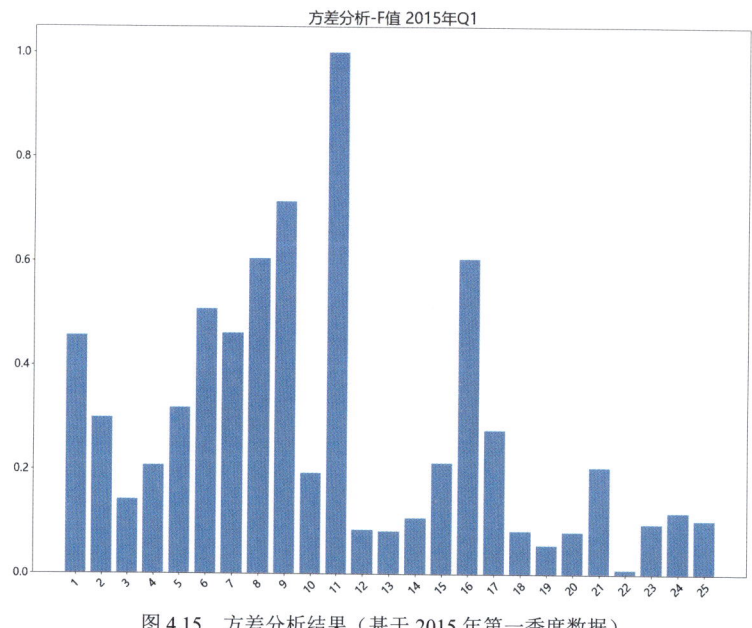

图 4.15 方差分析结果（基于 2015 年第一季度数据）

图 4.16、图 4.17 和图 4.18 分别展示了互信息法在 2013 年、2014 年和 2015 年第一季度数据中得到的结果。

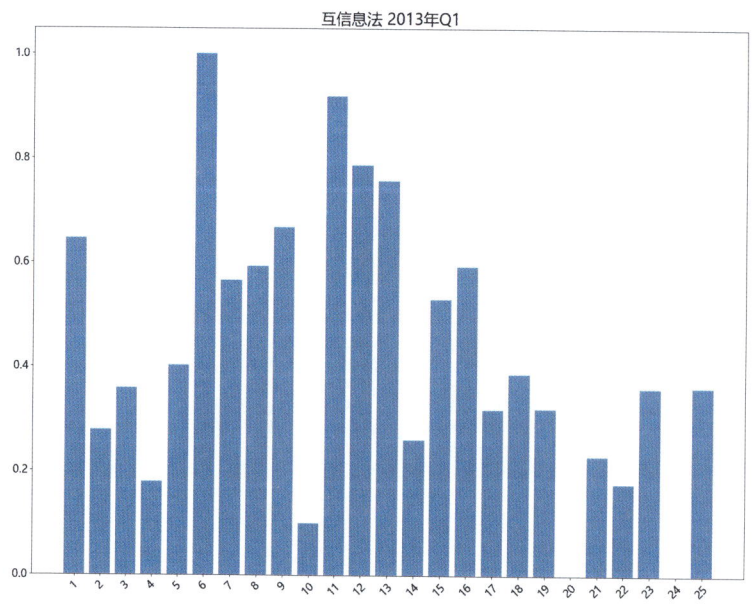

图 4.16 互信息法结果（基于 2013 年第一季度数据）

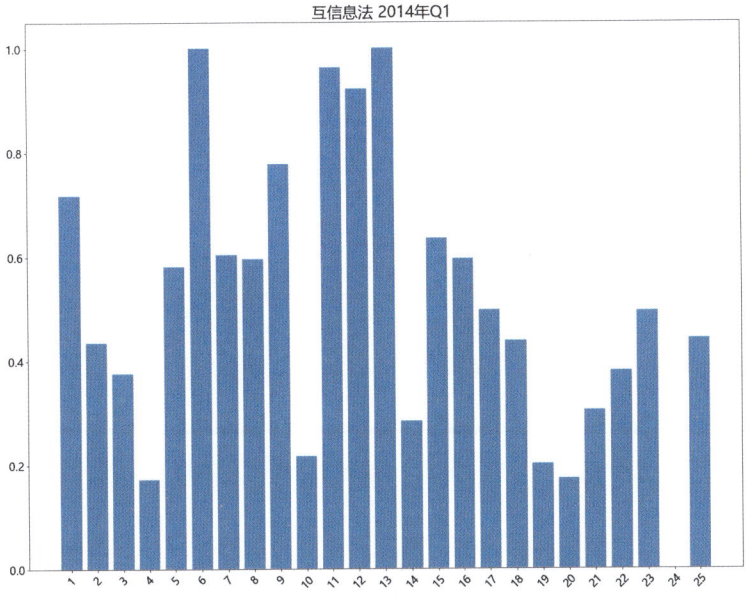

图 4.17 互信息法结果（基于 2014 年第一季度数据）

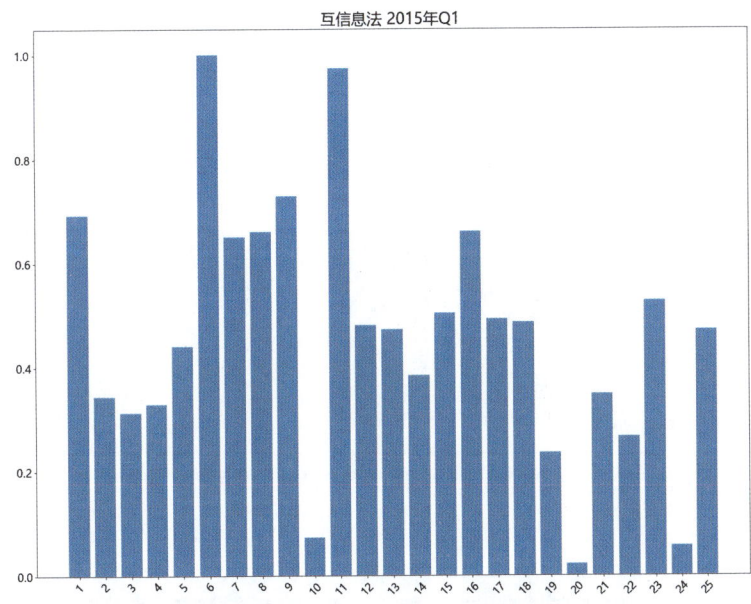

图 4.18 互信息法结果（基于 2015 年第一季度数据）

方法二：包装法

递归特征消除法（Recursive feature elimination，RFE）属于包装法，它通过递归的方式依次减少特征，其主要思想是反复构建模型，选出特征子集，并在剩余的特征子集上重复构建模型，直到遍历完所有特征。

与上述的过滤法不同，递归特征消除法的使用依赖于构建的模型。

图 4.19 展示了统计学习下的多元逻辑回归（MLR）与机器学习中的支持向量机（SVM）在 2013 年第一季度数据集下的结果，其中颜色越深表示其对应的特征越重要。

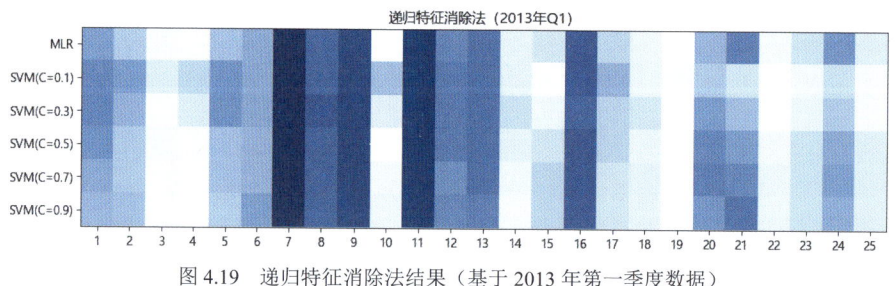

图 4.19　递归特征消除法结果（基于 2013 年第一季度数据）

图 4.20 展示了两种模型在 2013 年第二季度数据集下的递归特征消除法结果。

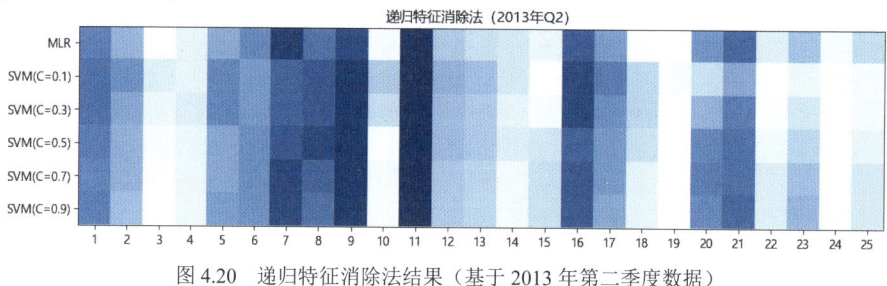

图 4.20　递归特征消除法结果（基于 2013 年第二季度数据）

图 4.21 展示了两种模型在 2013 年第三季度数据集下的递归特征消除法结果。

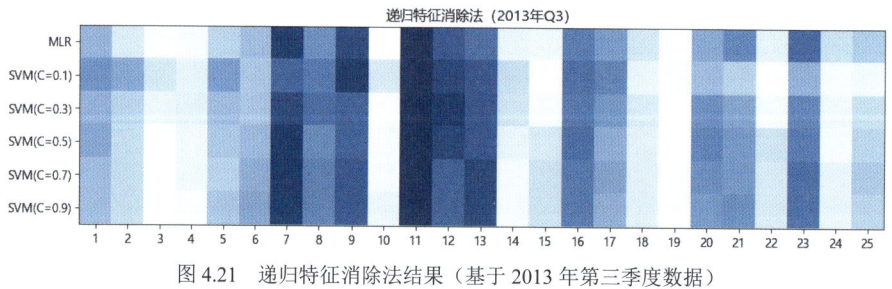

图 4.21　递归特征消除法结果（基于 2013 年第三季度数据）

图 4.22 展示了两种模型在 2013 年第四季度数据集下的递归特征消除法结果。

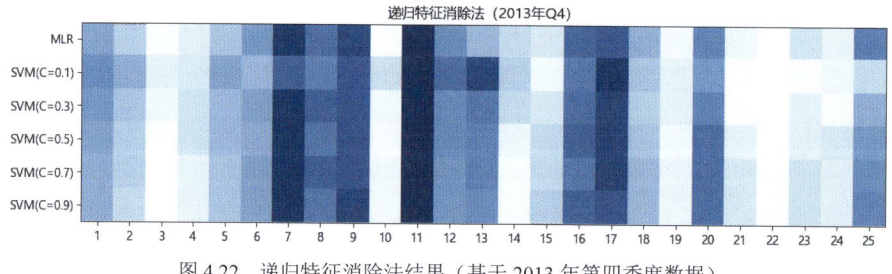

图 4.22　递归特征消除法结果（基于 2013 年第四季度数据）

在 2014 年和 2015 年的数据集上递归特征消除法结果呈现出类似的规律，具体结果参见本书附录 B。

方法三：嵌入法

嵌入法与过滤法类似，但是其使用模型进行训练，得到各个特征的权值系数，再根据该权值系数对特征进行选择。其中基于 L1 的特征选择是常用的一种嵌入特征选取方式，该方式使用 L1 范式作为惩罚项对线性模型的特征进行选择，通常与逻辑回归模型和线性支持向量机结合进行特征选择。表 4.8 展示了统计学习下的有序逻辑回归（OLR）与机器学习中的支持向量机（SVM）在 3 个数据集下根据嵌入法进行的特征选择结果。

表 4.8 OLR 与 SVM 根据嵌入法进行的特征选择结果

	2013	2014	2015
OLR	[7, 8, 9, 11, 12, 13, 16, 21]	[7, 8, 9, 11, 12, 13, 16, 20, 21]	[6, 7, 8, 9, 11, 15, 16, 20, 21, 24]
SVM	[1, 7, 8, 9, 11, 12, 13, 16]	[6, 7, 8, 9, 11, 12, 13, 16, 20, 21]	[2, 6, 7, 8, 9, 11, 16, 24]

至此，本小节已经利用 3 种不同的特征选择方式针对 3 个数据集进行特征提取，特征选择结果表明在不同数据集上不同的特征选择方式带来的特征子集并不相同。

模型构建

这里的建模采用过滤法中的卡方值进行特征选择，然后利用上述的多元逻辑回归、多元判别分析、神经网络、支持向量机和随机森林进行信用评级。

过滤法的好处是独立于算法，通过自变量与因变量的相关程度对特征进行排序，根据实际需求选择特征的个数，可控性较高，可适用于多种模型。

在 2014 年的数据集上，以初期表现最好的随机森林为例，特征的个数从 18 个逐步增加到 24 个，表 4.9 展示了特征选择后的随机森林分类结果。

表 4.9 特征选择后的随机森林分类结果

特征个数	指标	2013	2014	2015	平均
18	准确率	0.6422	0.6781	0.6969	0.6724
	精确度	0.6609	0.7180	0.7282	0.7023
	召回率	0.6257	0.6658	0.6893	0.6602
	F1 测度	0.6353	0.6799	0.7028	0.6727
20	准确率	0.6578	0.6825	0.7069	0.6824
	精确度	0.6791	0.7177	0.7403	0.7124
	召回率	0.6426	0.6711	0.6996	0.6711
	F1 测度	0.6519	0.6838	0.7125	0.6828

续表

特征个数	指标	2013	2014	2015	平均
22	准确率	0.6633	0.6781	0.6914	0.6776
	精确度	0.6833	0.7184	0.7255	0.7091
	召回率	0.6470	0.6651	0.6802	0.6641
	F1 测度	0.6572	0.6788	0.6953	0.6771
24	准确率	0.6522	0.6692	0.7013	0.6743
	精确度	0.6744	0.7033	0.7293	0.7023
	召回率	0.6353	0.6592	0.6951	0.6632
	F1 测度	0.6462	0.6717	0.7064	0.6747

从表 4.9 中可以看出，选择 20 个特征的模型效果最好，准确率（Accuracy）可以达到 68.24%，同时其表现优于使用全部特征的模型效果。

另外，当选择的特征为 18 个时，其评级效果开始变差，但其准确率和 F1 测度比使用全部 25 个特征时略高。逐渐增加特征个数为 22 个和 24 个时，模型表现逐渐变差，准确率降低为 67.76% 和 67.43%。由此可以看到，特征的个数不能过少，也不能过多。过多的特征可能会导致信息冗余，增加模型的复杂度；过少的特征可能无法捕捉到足够的信息进行信用评级，进而导致模型效率较低。

值得注意的是，虽然选择 20 个特征的模型效果最好，但是在特征选择之后的评级效果并没有明显优于特征选择之前的评级效果，这表明数据集中采用的 25 个特征都是与公司信用评级关联度比较高的。

4.5 本章小结

企业信用评级是信用评估的重要研究课题。通过对企业各方面信息的收集，通过定性分析与定量分析评估企业信用风险，可以为金融市场上的投资者提供参考。

在金融市场，投资者与企业之间存在信息不对称性，而这种信息不对称性会带来一定的负面影响，包括逆向选择和道德风险。逆向选择指的是市场其中一方拥有更多信息导致"优汰劣胜"，比如在金融市场，由于公司本身掌握更多关于自身风险的信息，投资方无法准确识别其信用状况，导致选择错误。信息不对称性导致的道德风险通常发生在交易之后，比如企业明知自身运营状态不良，处于高风险情境，但是仍然在金融市场寻求融资或贷款，投资者在信息不对称下对其进行了投资。有效的企业信用评级可帮助维持良好的金融市场环境。

本章对现有的企业信用评级相关文献进行了简单的梳理，总结现有研究多采用企业财务指标，利用统计学方法及机器学习方法进行多分类，从而对企业信用进行评估。通过对公开数据集进行建模，本章评估了多种评级方法在 3 个年份数据集上的不同表现，通过十折交叉检验充分对数据集进行利用。从 4 个指标，即准确率、精确度、召回率和 F1 测度，衡量各模型在不同数据集上的表现，结果显示统计学模型表现不如机器学习模型，如多元逻辑回归模型的评级效果相对较差，这样的错误评级会给金融市场带来一定的风险。相比来说，随机森林在 3 个数据集上表现最佳。

另外，本章介绍了 3 种特征选择方式，分别是过滤法、包装法和嵌入法，其中过滤法不依赖于分类模型，根据值对特征进行排序，而包装法与嵌入法依赖于具体的分类算法。不同的特征选择方法在不同数据集上表现不同。实验表明，经过特征选择后的模型表现与原始特征集上构建的模型表现并无显著差别。

而传统的信用评级集中在传统的企业指标，随着社交媒体的发展，信用评级机构期待从这些在线数据中挖掘对信用评级有用的信息，如情感信息，进而提升信用评级的精确度。

第 5 章

在线企业信用评级

5.1 企业信用评级新趋势

5.2 相关工作总结

5.3 基于社交媒体的信用评级

5.4 特征提取细节

5.5 在线企业信用评级实验

5.6 本章小结

第 4 章回顾了信用评级机构及信用评级的发展历史,指出企业信用评级是金融市场的重要课题,信用评级有利于维护金融市场的高效运作。另外,还根据真实数据集构建了不同的多分类评级模型,通过实证分析验证了各个模型的有效性,同时利用不同的特征选择算法挑选最相关的特征再次构建模型。

本章将继续讨论企业信用评级。在互联网飞速发展的今天,信用评级机构尝试运用在线大数据以期望获取更符合现代需求的评级结果。因此本章提出了一种基于社交媒体数据的企业信用评级框架,将社交媒体数据处理为大众的情绪信息,并将其纳入信用评级模型,旨在提高企业信用评级的准确性与及时性。另外,随着信息技术的发展,社交媒体数据不再局限于文本信息,还包括图像信息和音视频信息,比如一个投资者表达对某家公司的看法时会使用文本和图像甚至音频和视频。本章提出的框架将考虑两个模态的社交媒体大数据:文本与图片,从中提取情绪信息。基于真实的数据集,这个框架可以用来提高信用评级的效率和准确性,本章内容的意义如下:

1. 挖掘社交媒体文本数据里关于企业的情绪信息;
2. 挖掘社交媒体图片数据里关于企业的情绪信息;
3. 探索多模态社交媒体数据是否对企业信用评估有影响;
4. 信用评级机构可以利用随时更新的社交媒体大数据进行企业信用评级,增强评级分数的及时性,保证金融市场的有效运行,避免评级分数的不及时带来的信用风险。

5.1 企业信用评级新趋势

通常企业信用评级由信用评级机构给出,评级机构通常根据企业的战略竞争力和运营效率、企业地位和财务指标等多个维度来评估企业的信用风险[82,83]。在业界,信用评级机构通常采用等级的方式量化企业的信用值[111]。

无论业界还是学术界都很关注企业信用评级方法,期望可以获取更准确的信用评级结果。现有的研究探索了机器学习方法,如神经网络[82,87,88]、支持向量机[82,89]和一些混合模型[91]的使用。此外,多元判别分析、线性回归模型和逻辑回归模型等统计方法也应用于企业信用评级中[77,92-94]。在现有的企业信用评级中,有关企业的定量指标(如财务指标)和定性信息都被纳入了信用评估模型[81]。

然而,企业信用风险评估的过程非常耗费资源(包括时间成本、人力成本等),该过程需要收集企业各方面的相关信息,分析信息中蕴含的信用内容以及导出最终的信用风险评估结果。由于在信用评级上花费了大量的精力和时间,企业信用风险评级不能经常更新,因此传统的信用评级分数通常不能准确反映最新情况。

第 4 章提到信用评级可以为金融市场的潜在投资者和金融市场监管机构提供参考,而不及时更新的信用评级可能导致决策错误,引发投资者的批评,以及监管压力[89]的增大。因此,探索新的特征并将其用于信用评级过程很有必要。鉴于社交媒体中具有丰富的实时信息,因此将其纳入信用评级模型是合理的。

近年来,社交媒体在金融市场[112,113]和电子商务领域[114,115]得到了广泛的应用。随着社交媒体的普及,社交媒体上在不断产生海量信息,而这些信息可以看作对企业前景和价值进行评估的补充参考。关于企业的社交媒体大数据体现了专业机构和公众对企业的整体评价,反映了企业未来的经营价值。从另一个角度看,社交媒体信息对股票收益和风险都有影响,这种影响会引起违约概率的变化,进而影响企业的信用质量[116]。关于企业的社交媒体信息可以看作当前和潜在客户的建议和反馈,而这些建议和反馈则与公司未来的业绩和价值有关[117]。因此,信用评级过程纳入社交媒体大数据很有必要。

虽然我们认识到社交媒体大数据的重要性,但是如何从大数据中提取有信用相关的信息仍然是待解决的问题。

在以往的研究中,情感是商业和金融市场相关研究中的一个热门话题。很多学者关注情感信息是由于社交媒体信息中的情感可以反映公众对主体,如产品和企业的态度。客户或投资者的当前情感是预测企业相关指标的有效信息,如股价[112,118]、公司价值[113,119]或销售额[115]。一般来说,积极的情感预示着积极的结果,比如当公众对某家企业看好,社交媒体对其评价是正向时,大概率该企业的销售收入或者股价会提升。而消极的情绪预示着负面的结果,如果公众在社交媒体上对某家企业表现出来一致的负面情绪,那么该企业的销售收入或者股价大概率会下降。

相对于应用较广的情感分析,情绪分析及其在金融市场中的应用研究更加引人注目。情感通常只包括积极和消极(即正向和负向),有时也包括中性,情绪则包含了更丰富的内容表征,如愤怒、快乐、厌恶等。此外,一个词或一句话可能包含多种状态。例如,"我面临交通拥堵"这句话代表了消极情感,但同时也有愤怒和厌恶的情绪。当人们表达自己时,他们有复杂的情绪状态。因此,在大多数情况下,情绪状态是个人状态和态度更恰当的表征。

然而,以往的研究仅考查了从文本中提取的投资者情感信息与企业信用价值之间的关系,在评估从多模态社交媒体大数据中提取的投资者情绪对企业信用价值的影响方面仍存在研究空白。在本章的其余部分,投资者是指企业的所有投资者,可能包括公司的现有投资者、客户或其他利益相关者。

与只有两种（或三种）不同类别的情感相比，情绪的概念更加细粒度，表现形式更加复杂[120]。评价理论（Appraisal Theory）指出情绪是通过人们对事物或事件的评价而产生的，它们会影响人们随后的反应[121]。此外，情绪线索理论（Affect-as-information Theory）假设人类的情绪会影响他们的行为[122]。现有的研究还发现情绪可以改变人们的态度[123]。换言之，个体在前一个时间点产生的情绪可能会影响他们随后的行为、倾向以及他们自己或其他人作出的决定。

举个简单的例子，投资者在社交媒体上发布的多模态帖子里的情绪反映了他们对企业或企业产品的看法和态度。这种看法和倾向可能会影响其他投资者随后与这些企业有关的投资决策，或影响其他客户购买相关产品。因此，投资者的情绪可能会影响企业的股票价格及其违约的可能性，即信用风险。企业信用风险和企业信用价值可以看作是同一枚硬币的两面。

另外，最近的研究表明，图像和文本一样都可以用来捕捉个人的情绪[124-129]。事实上，个人在社交媒体上用图像表达自己的感受和观点的方式越来越流行。因此，本章还将通过使用最先进的深度卷积神经网络，从社交媒体帖子的图像中提取投资者的情绪。

换言之，本章试图研究社交媒体帖子中捕捉到的投资者情绪与企业信用价值之间的关系。根据 Plutchik 的情绪轮盘（Wheels of Emotions）工具，人类的情绪可以分为 8 种不同的类别，分别是喜悦、信任、愤怒、期待、厌恶、恐惧、悲伤和惊讶。一些实证研究指出某些投资者的情绪可能与公司的股票价值有关[109,130,131]，因此本章将考虑情绪轮盘的 8 种情绪是否有利于信用评级。

因此，本章需要提取社交媒体大数据中文本和图像里蕴含的情绪信息，文本处理将采取一种常用主题模型的扩展，图像处理将应用最先进的深度学习，在获取了两个模态数据的情绪信息后将其应用到信用评级中。

本章将利用多模态大数据进行信用评级，这有三个方面的意义。

- 在设计科学研究（DSR）方法论的指导下[132]，本章研究了社交媒体中多模态数据蕴含的情绪状态与传统的财务指标是否可以应用于信用评级并带来更准确的估计。
- 为了提取文本里包含的情绪状态，借鉴标准潜在狄利克雷分配（Latent Dirichlet Allocation，LDA）模型[133]的思想，结合现有的情绪词典，提出了一种新的情绪潜在狄利克雷分配（Emotion Latent Dirichlet Allocation，ELDA）模型，然后将情绪状态运用到以传统财务指标为基础的信用评级模型中。

- 为了提取图像里的情绪状态，将采用深度学习中的卷积神经网络，将提取出来的情绪状态应用到信用评级模型。

该章将首先总结信用评级、文本情绪分析和图像情绪分析方向的现有研究，然后给出包含社交媒体信息的信用评级框架，并给出相应的计算，然后根据真实数据进行实证分析，最后对在线社交媒体下的信用评级研究进行总结。

5.2 相关工作总结

5.2.1 信用评级回顾

信用评级是金融市场对企业进行风险评估的关键环节之一。

市场上信用评级机构使用的信用评级模型考虑了企业不同的维度，例如企业的潜力、竞争力等。第4章指出现有信用评级研究的一个主要范畴是应用机器学习方法。例如，Huang 等（2004）[82] 强调了人工智能方法中支持向量机的预测能力，并比较了支持向量机和反向传播神经网络的信用预测效果。很多研究将多种方法结合并应用于信用评级中。Yeh 等（2012）[90] 提出信用评级里的基础变量具有后向预测影响，因此他们利用穆迪的 KMV 模型，与随机森林和粗糙集理论结合进行信用评级，获得了更好的信用评级结果。

除了机器学习方法外，信用评级还利用了统计模型[24]，例如线性回归模型[92] 和逻辑回归模型[94]。

应用于信用风险评估的机器学习方法更注重信用评级的准确性，而统计方法则强调对市场营销、会计或宏观经济等变量如何影响企业信用状况的解释力。

除了关注于模型本身，越来越多的研究尝试引入其他相关的有效指标并探索其对信用评级的影响。Agarwal 等人（2016）[108] 利用信用评级机构发布的信用评级行动报告中的文本信息，指出信用评级行动报告包含有价值的评级行动信息。同样，Tsai 等（2016）[81] 研究了新闻文章对企业信用评级的影响，他们认为新闻文章中的情绪可作为信用评级的有效指标。从这些研究可以看到，学者进行了很多关于文本信息挖掘的研究。

本章提取社交媒体中投资者发布的文本信息里包含的情绪，并将其应用到信用评级中，以提高信用评级的准确性和有效性。

同时，最近的研究显示，图像和文本都可以用于情绪捕捉，因此将图像分析结果应用于相关领域成为一种趋势。

下面将分别介绍文本分析与图像分析的相关研究的现状。

5.2.2 文本分析研究现状

Cambria 和 White[134]指出信息时代下用户生成内容（User Generated Content，UGC）以爆炸式速度增长，为了处理海量数据，自然语言处理在逐步发展，其中文本挖掘是自然语言处理领域经常讨论到的课题。

文本挖掘的概念由来已久，文本挖掘是从非结构化的文本里抽取有价值的信息的过程，文本信息中的语义分析和情感分析是文本挖掘领域的研究热点[135]。语义分析指的是提取文本所表示的语义内容，帮助人们理解文本；情感分析用于分析文本信息中所表达的观点[112]。

其中文本情感分析目前已广泛应用于各个领域，如金融、电子商务等。此外，在线媒体（如新闻媒体、社交媒体）是收集有用信息的常用渠道，很多研究已应用这些渠道进行在线信息情感分析并将结果应用于不同领域，如电子商务[115]、股市[112,118]和企业信用评估[81]。

具体来说，许多研究调查了消费者评论中的情感信息对产品后续销售的影响，如 Yuan 等（2018）[115]应用一种"主题 - 情感"模型提取电子商务平台上评论的情感信息，并将其应用于销量预测，结果显示主题情感信息有利于销售量预测。此外，学者也探讨了情绪如何影响金融市场。Das 和 Chen（2007）[112]分析了股票论坛里投资者帖子中蕴含的情绪，并证明了情感信息与股票价格之间存在相关关系。Tetlock（2007）[118]考察了新闻媒体中文本信息里蕴含的情感信息与股票市场的关系，实证结果表明新闻媒体中的负面情感会导致股票价格下降，但无论负面情感是高还是低，都会让交易量在短期内有所提升。

然而，大多数关于在线信息情感分析的研究局限于 2 个或者 3 个情感类别，比如积极、消极和中性。但是，在线内容里蕴含的信息是复杂的，而情感类别过于单一，因此在这个背景下，现有很多研究提出了"情绪"这个概念，情绪用以表达信息中蕴含的丰富内涵。从另一个角度来讲，在情感分析中，一个词语只能属于一个类别，而在情绪分析中，一个词语可以属于不同的情绪状态。从实际角度来看，后者更符合现实。

相比于情感分析，情绪分析包含更多的类型。此外，这些类型并非排他性的[136]。所谓排他性指的是如果一个词语（或者短语等）属于一个类型，那么它就不能属于其他类型。

对于情感这个概念而言，一句话只能被标注积极情感、消极情感或中性情感，但对于情绪分析来说，它可以同时被标注愤怒、悲伤等多种情绪。Kramer（2012）研究了社交媒体平台中的情绪传播，通过社交媒体上的状态信息分析发现用户状态中的情绪会被朋友状态里的情绪所影响，比如用户发布的状态情绪倾向于与之前其朋友的状态情绪一致。

情绪分析是一个重要的研究课题，如 Hancock 等（2007）[137] 对 80 名大学生进行了实验，考察了表达情绪状态（积极情绪和消极情绪）的至少四种策略。与情感分析类似，其旨在从给定的信息中提取情绪 [136,138,139]。

Gill 等（2008）[140] 讨论了人们在社交平台中发布的短文本里包含的情绪，这些情绪包含 8 种类别，即恐惧、愤怒、厌恶、悲伤、赞同、祈祷、喜悦和惊喜。这项工作还扩展到了自动识别短文本中的情绪 [141]。

Ludwig 等（2013）[139] 分析了网络购物领域中消费者评论的情绪信息和语言风格对在线购买转化率的影响，通过文本分析的方式挖掘两者的变化，结果显示正向情绪内容对转化率的影响是不对称的。

Subasic 和 Huettner（2001）[138] 运用模糊逻辑技术，通过模糊情感词库对文本中的情绪进行了分析。此外，该分析的结果是可视化的，以便更好地支持相关决策。

Abbasi 等（2008）[136] 总结了之前关于文本情绪分析的研究，比较了不同的特征表示，提出了用支持向量回归的相关集成方法进行情绪识别，通过 4 个实验证明他们提出的模型可以用来有效地进行情绪分析。

Neviarouskaya 等（2010）[142] 提出了一种态度分析模型（@AT），该模型可根据细粒度态度标签，采用组合性原理进行信息识别，这里他们指出有态度的标签包括情绪、判断和欣赏，分别对应于个人情绪、他人对现象的评价和态度，并确定了不同的层次，即全部、中层和顶层。

Lin 等（2007）[143] 旨在从读者角度将新闻文章分为不同的情绪，该情绪指的是新闻内容引发的读者情绪而不是作者情绪，该情绪类别分别是可怕、温暖、惊讶、悲伤、有用、快乐、无聊和愤怒，并利用了四组特征，包括二元模型、单词、元信息和每个单词的情绪类别，通过支持向量机进行分类，实验表明四组特征混合可以获取最好的分类结果。

Das（2011）[144] 使用悲伤、快乐、厌恶、恐惧、愤怒和惊讶 6 个类别，从词、短语、句子和文档等多个层面讨论了情绪分析，指出情绪分析内容包括持有者识别、主题检测、情绪分类和追踪，该研究使用了两个词典：SentiWordNet 和 WordNet-Affect。

表 5.1 总结了情绪分析相关研究使用的特征和模型。

表 5.1 情绪分析相关研究总结

研 究	特征 / 词典	数 据 源	模 型
Abbasi 等（2008）	N-gram 特征 自动生成的字典 人工字典	文章 博客 网络论坛	支持向量机 相关集成方法
Subasic 和 Huettner（2001）	情绪词典 模糊词库 情绪类别组	新闻 影评	模糊语义类型
Neviarouskaya 等（2010）	表达态度的术语 修饰语 功能词 情态操作词	网站	组合原则
Gill 等人（2008）	情绪词典	博客	LIWC 潜在语义分析
Lin 等人（2007）	二元模型 单词 元信息 单词情绪类别	雅虎新闻	支持向量机
Das（2011）	单特征 上下文特征	博客	条件随机场 支持向量机

除了探索情绪分析本身，学者也关注提取出来的情绪如何应用于实践。

Li 等（2014）[145] 研究了新闻文章和金融论坛中投资者情绪对股票价格的影响，但该研究只讨论了两种情绪——悲观情绪和乐观情绪。

Bollen 等（2011）从 6 种情绪状态（冷静、警觉、肯定、活力、善良和快乐）出发，通过社交媒体上的短文分析用户的情绪，并探索了这些情绪状态对道琼斯工业平均指数的影响，实证结果表明指出一些情绪（例如冷静）是衡量道琼斯工业平均指数收盘值的良好指标。

虽然情绪的概念相对来说比较复杂，但学者根据不同的标准提出了不同的情绪分类方式。

Plutchik（1980）将情绪分为 8 种基本类别，分别是愤怒、期待、厌恶、恐惧、喜悦、悲伤、惊讶和信任[155]。

图 5.1 展示了 Plutchik 提出的情绪轮盘，该情绪轮盘有 8 个维度，分别代表了不同的情绪类别，同时在同一个情绪类别下根据强度的不同可以划分为 3 个等级。

Ekman（1992）将情绪分为 6 类，即愤怒（anger）、厌恶（disgust）、恐惧（fear）、快乐（joy）、悲伤（sadness）和惊讶（surprise）[147]，如图 5.2 所示。

本章的研究中使用了 Plutchik 提出的 8 个维度，因为这是一种常见的分类类型，许多研究都采用了该情绪分类标准[148,149]。

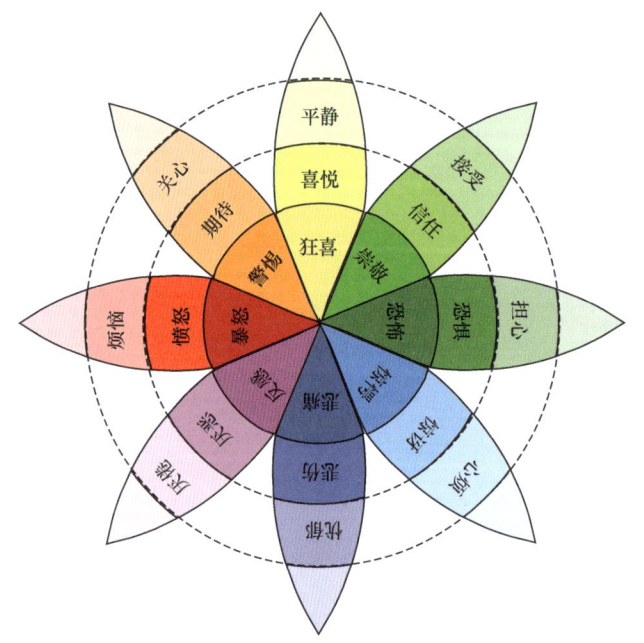
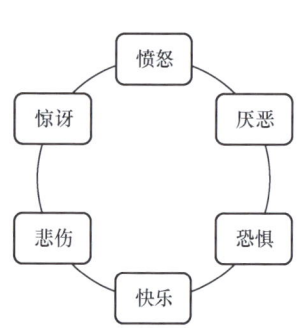

图 5.1　Plutchik 提出的情绪轮盘　　　　图 5.2　Ekman 的 6 类基本情绪

5.2.3　图像分析研究现状

随着社会媒体的发展和信息技术的增强,视觉内容分析越来越普遍。人们倾向于在社交媒体平台上发布图片甚至视频来分享他们的意见,而不再局限于文本。

同理于文本分析,图像分析领域包含语义分析和情感分析[124,125,127,150]。图像语义分析包括物体识别、图像分类等;图像情感分析是为了提取图像中包含的情感信息。

在图像分析中,情感与情绪这两个概念会放到一起进行探讨。

Wang 和 Li(2015)[151] 提出了一种无监督情感分析方法,将视觉信息和文本信息相结合,对社交媒体里图像的情感进行分析,该研究利用图像中的特征和文本信息里的词语频率,填补了图像的语义空白使得情感提取更加精确。

You 等(2015)[129] 采用微调卷积神经网络提取图片的视觉特征,利用无监督语言模型提取图像的文本特征,然后将视觉特征和文本特征一起输入联合模型中进行情感提取,该研究为了使用不同的模态信息,采用交叉模态一致回归模型对模型进行了扩展[152]。

You 等(2015)[150] 在卷积神经网络的基础上提出了改善策略,并将正向和负向两类中的 24 种情绪作为模型的训练神经元。此外,利用 Flickr 图像数据集上建立的卷积神经网络可通过迁移学习应用于其他图像数据集上,进而提高了模型的性能。

Yuan 等（2013）[127] 从中层角度分析图像，然后基于生成的中层特征利用其提出的 Sentribute 来分析图像情感，此外，该研究可用于识别面部反映的情绪。

Borth 等人（2013）[153] 利用中层视觉特征，构建了一个视觉情感本体和 SentinBank 库，从而自动提取社交媒体中图像的情感和情绪。

与文本一样，同情感分析相比，图像情绪分析包含了更多类别，能够对图像提出更丰富的信息，如愤怒、幸福。Wang 和 He（2008）[154] 分别从情感语义、图像特征提取和图像情绪识别等方面对图像分析相关的关键问题进行了研究。Machajdik 和 Hanbury（2010）[125] 将情绪分为娱乐、敬畏、满足、兴奋、愤怒、厌恶、恐惧和悲伤 8 大类，利用底层特征（包括颜色、纹理、构图和内容 4 大类）来识别图像的情感。

Yang 等人（2014）[155] 讨论了人们在社交媒体上发布图像时的情绪，提出了情绪学习方法，将图像视觉特征（如饱和度、色差、前景纹理复杂度等）和图像下方的评论结合起来进行情绪分析。此外，该研究还利用快乐、愤怒、恐惧、悲伤、厌恶、惊喜 6 种情绪类别作为情绪分析的标签。

Jia 等人（2012）[126] 将图像分为 16 种情绪类别，例如休闲、自然，每种类别都由一些语义组成，例如因果指示概念，例如愉快、快乐等。利用视觉特征，例如主色、亮度和图像的社会相关性来标记各自的图像。

Zhao 等（2014）[156] 总结了不同层次的特征，包括低、中、高层特征，然后将 3 类特征应用于多图学习算法中。

各项关于图像情感与情绪分析的研究见表 5.2。

表 5.2 图像情感与情绪分析研究总结

研　　究	领　　域	特　　征	数据集	方法/模型
Wang 和 Li（2015）[151]	情感分析	中层视觉特征 文本短语频率	Flickr Instagram	无监督情感分析模型
Yang 等人（2014）[155]	情绪分析	低层视觉特征 评论信息	Flickr	情绪学习算法
Jia 等人（2012）[126]	情感分析	低层视觉特征 社交关联	Flickr	因子图模型
You 等（2015）[129] You 等（2016）[152]	情感分析	深度学习视觉特征 段落向量	Getty Images	卷积神经网络 无监督语言模型
You 等（2015）[150]	情感分析 情绪分析	深度学习视觉特征	Flickr	卷积神经网络 迁移学习
Yuan 等（2013）[127]	情感分析	中层视觉特征	SUN 数据库	Sentribute

续表

研　究	领　域	特　征	数据集	方法/模型
Machajdik 和 Hanbury（2010）[125]	情绪分析	低层特征 中层特征 高层特征	IAPS 图片网站等	朴素贝叶斯
Borth 等人（2013）[153]	情感分析	中层视觉特征	Flickr	支持向量机
Zhao 等（2014）[156]	情绪分析	低层特征 中层特征 高层特征	IAPS ArtPhoto Abstract GAPED	多图学习

通过对文献的梳理，可以发现社交媒体中蕴含着丰富的投资者情绪信息，同时不仅传统的文本模态数据可以表达投资者情绪，信息技术的发展使得图像这种模态也出现在学者的视野。本章将探索在传统信用评级的基础上进行社交媒体大数据挖掘，从中提取投资者情绪并将其应用于信用评级中，期望获取更准确的评级结果。

5.3　基于社交媒体的信用评级

5.3.1　在线信用评级框架

在信用评级中，所有可以反映企业状况和潜在能力的信息都可以被应用到评估过程中。现有的研究更多是针对标准变量对评级方法进行改进。目前信用评级还采用了其他信用相关信息[108,109]。

本章将考虑来自社交媒体上的在线信息。正如前文所述，在线社交媒体信息中的情绪状态反映了投资者对企业的态度，表明了企业在公众中的潜在价值。因此，信用评级模型可以利用情绪特征进行信用风险评估。

如今，随着社交网络的普及，越来越多的信息被发布到在线平台，如哔哩哔哩、豆瓣和微博。这些社交媒体成为企业相关信息的一种普遍的呈现平台。通过社交媒体，用户可以分享意见，甚至与企业直接沟通。传统的新闻媒体和新型的社交媒体这两种渠道代表了企业的两种信息。传统的新闻媒体揭示了更加权威和公开的信息，新闻文章向公众提供有关公司的客观报道，包括正面和负面信息。例如，新闻报道一家公司的首次公开募股，同时会在正文里介绍该公司的相关信息。如果新闻中包含了积极的信息，那么就有利于企业的信用评估，信用评级机构会给予企业更多的信任。社交媒体里包含了新闻媒体的信息,还是更加便捷的发布企业相关信息的平台,如用户可以与企业进行沟通,同时,用户可以在其个人社交媒体页面上发布对企业的意见。

此外,人们越来越习惯发布图像,发布流程也变得更加方便,比如人们喜欢在发布文本的同时添加图像。因此,在社交媒体上,人们不仅可以通过发布文本信息,还可以通过发布图像(或视频)在线与他人分享自己的观点和感受。

社交媒体上大众的情绪信息可以作为企业信用风险评估的有效指标。因此,基于社交媒体的信用评级里使用了两类数据。

- 评价公司财务状况的传统财务指标[93]

本章选取的基于会计的三个变量分别是资产负债率、资产回报率和利息覆盖率。

此外,本章设置了一个表示是否亏损的分类指标,如果本季度和上一季度净收入为负,则该指标为1,否则为0。

同时,信用评级过程将企业规模作为预测指标,该指标代表资产总额。

此外,本章采用的另一个财务变量是资本强度,通过固定资产总额除以总资产获取。

- 社交媒体的情绪信息

社交媒体中提及企业的文本和图像的情绪信息采用Plutchik的情绪轮盘分类方式,分为8类,分别是愤怒、期待、厌恶、恐惧、喜悦、悲伤、惊讶和信任。

5.3.2 框架概述

本节将构造一个基于社交媒体的企业信用评级框架,该框架可分为三层,分别是数据收集层、特征提取层、模型构建层,如图 5.3 所示。

1. 数据收集层

该层需要收集财务数据及相关社交媒体数据。

- 财务数据代表评估企业信用的基础特征,该数据从 Compustat 上获取。
- 社交媒体数据从世界最大的社交媒体之一的平台上获取,该数据层将收集提及企业的所有信息(包括文本与图像)。

模型训练和测试使用到的信用评级记录也是从 Computstat 数据库收集的。信用评级采用标准普尔评级信息,与第 4 章一样,本章将等级信息映射到 4 个等级中,同时尝试将等级信息映射到不同的数值,并利用回归模型进行实验。

2. 特征提取层

传统财务指标的处理较为简单,通过 Compustat 数据库收集后计算获取。

社交媒体大数据的情绪特征提取分为文本情绪分析和图像情绪分析。情绪的8个类别为愤怒、期待、厌恶、恐惧、喜悦、悲伤、惊讶和信任。

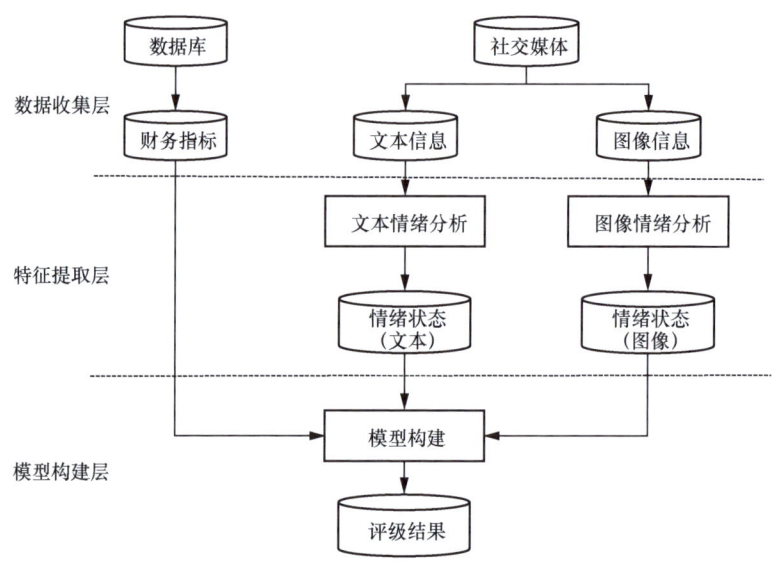

图 5.3　基于社交媒体的企业信用评级框架

- 文本特征提取介绍

前文提出一个基于标准的隐含狄利克雷分布的情绪隐含狄利克雷分布模型（Emotion Latent Dirichlet Allocation，ELDA），用来提取社交媒体文本中的情绪信息。

标准隐含狄利克雷分布模型（Latent Dirichlet Allocation，LDA）是无监督的，虽然该模型被广泛应用于文本分析，提取文档上的主题分布，但是它不能识别每个主题的具体概念。因此在此基础上，通过引入预定义的概念和现有的词汇，ELDA 就可以明确识别每个潜在的主题（这里的主题即代表情绪）。

在在线企业信用评级中，每一份文档指的是公众关于一个特定企业的评论。通过 ELDA，可以得到每份文档上的情绪分布，该情绪分布代表对企业的态度。值得注意的是，信用评级时间在下一个会计季度末，而财务变量的记录时间在上一个会计季度末，文本信息的周期在三个月内，结束时间与财务变量相同。

- 图像特征提取介绍

本章利用深度学习中的卷积神经网络对社交媒体图像中包含的情绪进行提取。基于卷积神经网络，现有研究构造了多语言可视化情感分析本体，它可以输出每个图像的情感及情绪信息。

本书只考虑每份信息的第一个图像（如果有图像）。通过信息本体可以获取每个图像的情绪分布。图像的对齐与文本的对齐方式相同。

接下来对该模型进行详细介绍。

3. 模型构建层

在特征提取后,将采取两种方式对特征与信用等级之间的关系进行建模。

第一种方式与传统企业信用评级相同,将企业评级映射到4个等级,采用多分类模型,验证特征的有效性。该处理方式下,本章采用常用的机器学习模型,包括支持向量机、神经网络和随机森林。

- 支持向量机是目前应用最广泛的机器学习分类方法之一,它可以将数据映射到超维空间。
- 神经网络类似于大脑神经结构,通过神经元的连接构成了信息处理的数学模型。
- 随机森林由多棵决策树构成,是常用的一种集成学习算法。集成学习通过构造多个学习器来完成学习任务,它的优势在于集合多个学习的学习结果,将弱学习器通过不同策略构建成强学习器,以得到更好的预测效果,如更准确的分类结果。随机森林会在学习过程中构建多棵决策树,每棵决策树都会产生一个预测结果,通过投票的方式决定最终的预测结果。

第二种方式将企业评级映射到不同的数值下,在这种处理方式下,构造特征与等级关系的模型变为回归模型,同样通过不同指标的比对来验证特征的有效性。本章采用常用的回归模型,包括简单的多元回归模型、神经网络和支持向量回归。

- 多元回归模型是指通过简单的数学模型结合多个变量构造自变量与因变量之间的线性或非线性关系。本章使用最简单的多元线性回归模型。
- 神经网络既可以用来做分类,也可以用来做回归。
- 支持向量回归是支持向量机的一种应用,用来在高维空间构造回归函数。

模型构建后,测试集可用来验证模型的预测效果,即评级效果。

5.4 特征提取细节

5.4.1 文本情绪信息提取

以往基于文本的情绪挖掘研究主要是利用标记好的数据去训练有监督的机器学习方法。但是,有监督的机器学习方法需要有标记的训练样本,标记数据集需要大量的人力和时间成本，尤其当方法需要大量标注数据时，数据准备将花费大量时间。因此本研究提出了一个新的半监督式情绪挖掘模型，即情绪潜在狄利克雷分布（ELDA），它是经典的潜在狄利克雷分配（LDA）模型的扩展[133]。

在文本分析领域，向量空间模型（Vector Space Model，VSM）被广泛用来表示文本，是很多文本分析模型的基础。

在忽略文档的文本结构并且文档有明确的语义信息时，VSM 是一种有效的文档分析方式。它最初被用来进行索引及信息提取，但是现在是一种文本挖掘的方式，也被广泛应用在很多文档提取系统。VSM 把文档当作"词袋"，在该模型中，词袋中的词语被当作数学意义上的向量，也就是一维的向量序列。词语在文档中的重要性可以使用词频（TF）和逆向文档频率（IDF）来评价。TF-IDF 可以用来表示一个词语在文档及整个文档库里的重要程度。两个文档的相似性可以通过计算文档向量的余弦值来求解。

$$\cos\theta = \frac{v_1 \cdot v_2}{\|v_1\|\|v_2\|}$$

其中 v_1、v_2 分别表示两个文档的向量。VSM 具有表示清楚简单并且可以计算文档相似度的优势。然而 VSM 具有一定的局限性：一篇过长的文档表示向量很难和一个特定向量去匹配；因为磁带模型的限制，文档词语的顺序并没有被考虑；同义关系在 VSM 中会被忽略；一词多义没有被考虑到模型中。

潜在语义分析（Latent Semantic Analysis, LSA）由 Dumais 等人提出，指的是在向量空间模型的基础上将原始的空间向量也就是词语 - 文档矩阵投射到一个较低维的空间。投射过程是通过奇异值分解（Singular Value Decomposition，SVD）来实现的，SVD 可将原始矩阵分解为 3 个矩阵——文档特征向量、特征向量、词语特征向量。同时，一个原始的矩阵可以表示为只取较大的特征值的这三个矩阵的乘积，假设有 n 篇文档 m 个不重复单词，那么文档可以表示为矩阵 A($m \times n$)，矩阵可以被分解为如下三个矩阵：

$$A = U \sum V^T$$

其中 U、V 分别表示左奇异向量、右奇异向量。$\sum(R \times R)$ 表示对角矩阵，其对角线的元素表示了矩阵的奇异值并且这些值都是非负而且递减的，并且满足：

$$R \leqslant min(M, N)$$

其中 R 表示 A 的秩。此时，如果选取 A 矩阵的前 k 个奇异值，并且对应挑选出左奇异矩阵和右奇异矩阵的前 k 个向量，这时三个矩阵所构造出来的矩阵可以看作原矩阵的近似矩阵，这个过程就被称为奇异值分解。奇异值分解的意义：首先通过矩阵分解将空间映射到另外一个空间，而且奇异矩阵提供了这两个不同空间的正交向量，利用大小排序完整的奇异值可以压缩向量的维度，大的奇异值表示重要的变换，小的奇异值则代表不重要的变换，选取重要的变换来压缩原矩阵的维度，提取信息中最重要的部分。

LSA 可以通过降维的方式来减少数据库中一些不想要的信息或者一些噪音，由于这些因子具备正交特点，在同一个话题或者聚类下的单词会具有较高的相关性，而与别的话题或者聚类下的单词则只有较低的相关性，所以 LSA 更大程度上解决的是同义问题。然而对于一词多义的问题，同一个单词可能以不同的意思出现在不同的类别下，LSA 有一些局限性：它是建立在一个矩阵的降维基础上，并没有考虑到概率理论；降维需要人为确定一个个数，然而统计过程并不能确定这个准确的个数；由于正交性的存在，一词多义的问题只能被部分解决。

为了解决上面提到的问题，一个生成模型——概率潜在语义分析（Probabilistic latent semantic analysis，PLSA）被提出。考虑到可交换性的假设，使用概率模型可以建立相应的模型。概率潜在语义分析是在 LSA 的基础上加入主题概念，指出文档是由多个主题构成，每个主题是多个词的混合概率。不像判别式模型，生成模型是首先建立一个模型，然后再使用"词语—文档"这个矩阵去计算未知的参数。PLSA 的步骤如图 5.4 所示。

首先根据 P(d) 去选定文档 d，接着通过选定的文档 d 有个 P(z|d) 去选定主题，在根据主题概率 P(w|z) 去选择词语。所以词语—文档的共现性可以通过贝叶斯公式计算。

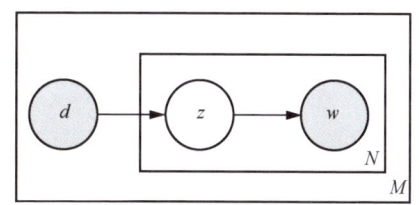

图 5.4 概率潜在语义分析

$$P(d,w) = P(d)P(w|d)$$

其中，$P(w|d) = \sum_{z \in Z} P(w|z)P(z|d)$

对于 PLSA，最常用的求解方法是最大期望值法（Expectation-Maximization）。最大期望值法包括两个步骤。

期望值：通过隐含参数计算后验概率。

$$P(z|d,w) = \frac{P(z)P(d|z)P(w|z)}{\sum_{z' \in Z} P(z')P(d|z')P(w|z')}$$

最大值：更新相应的参数。

$$P(w|z) \propto \sum_{d \in D} n(d,w) P(z|d,w)$$

$$P(d|z) \propto \sum_{w \in W} n(d,w) P(z|d,w)$$

$$P(z) \propto \sum_{d \in D} \sum_{w \in W} n(d,w) P(z|d,w)$$

对于同义词来说，PLSA 中一个主题下的单词相关性要比 LSA 中的相关性要强；对于一次多义来说，词语会在多个主题下出现并具有主题下的含义，比在 LSA 中具有更加清晰的意义。然而，PLSA 并没有考虑到文档生成的概率，为了在文档层次上更加深入地反映文档的生成过程，隐含狄利克雷分布被引入。

隐含狄利克雷分布（LDA，Latent Dirichlet Allocation）是一种常用的主题模型，它的前提假设和 PLSA 是一样的。

- 一篇文档可以看作是很多个主题组成
- 一个主题由单词的概率分布组成

事实上它在我们能观测到的文档和单词之间引入了一个隐含变量——主题，呈现了三层文档生成过程，其拓扑结构如图 5.5 所示。

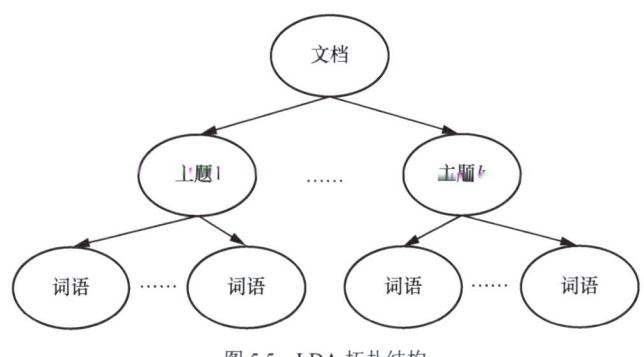

图 5.5 LDA 拓扑结构

PLSA 并没有对文档中主题的混合权重作假设，使得其与特定文档相关。Blei 等人（2003）提出了隐含狄利克雷分布，它是近年来最流行的主题模型之一。潜在狄利克雷分布是一种无监督的模型，能够识别语料库中的潜在主题。该模型以词袋模型为基础，分为文档层、主题层和单词层。其中，每篇文档由具有特定分布的主题混合而成，每个主题是具有各自概率的单词组合。

LDA 模型可生成语料库中的文档，其生成过程如下。

- 对于每篇文档，从具有主题分布的所有主题中选择一个主题。
- 对于所选主题，从该主题中具有单词分布的所有单词中选择一个单词。
- 重复前面的步骤，直到扫描完语料库中的所有单词。

LDA 的模型结构如图 5.6 所示。其中灰色表示观测变量,在这个模型中只能观察到单词。该模型涉及两个狄利克雷分布 θ 和 φ,其超参数分别为 α 和 β,其中 θ 表示文档—主题分布,φ 表示主题—单词分布。

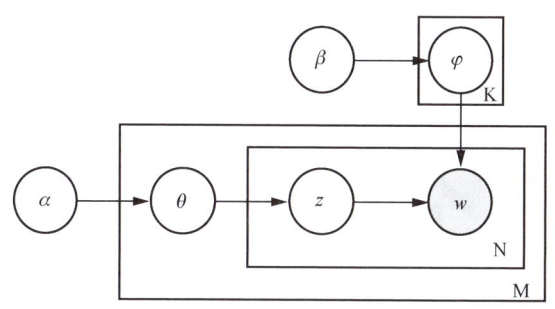

图 5.6 LDA 模型示意

由于文档发生概率公式存在多个隐变量,直接求解非常困难。对 LDA 的求解主要有两种方式,第一种是通过最大期望值(EM,Expectation-maximization)算法,第二种是吉布斯采样(Gibbs Sampling)。最大期望算法需要在模型中选取可以达到最大似然估计或者最大后验概率的参数。

而目前吉布斯采样是最常用的一种求解方式,吉布斯采样是马尔科夫链模型——马尔科夫链蒙特卡洛中的一种,是一种采样求解过程。

为了求解概率分布 $P(x_1, x_2, \ldots, x_n)$,吉布斯采样采用坐标轴轮换的方式直到概率分布采样得到收敛或者到达指定的迭代次数。

基于吉布斯采样求解 LDA 的过程如下。

第一步:随机给所有文档中的单词分配一个主题,然后分别计算 4 个值——第 m 篇文档中 k 主题出现的次数 $n_m^{(k)}$,第 m 篇文档中包含主题数量的和 n_m,第 k 个主题下第 t 个词出现的次数 $n_k^{(t)}$,第 k 个主题下的总词数 n_k。

第二步:遍历文档中所有单词,假如当前选定了第 m 篇文档下的 t 单词,当前它的主题被设定为是 k,对上述 4 个值分别减 1,之后根据主题取样的概率分布给其分布一个新的主题 k',在相应的 $n_m^{(k')}$,n_m,$n_{k'}^{(t)}$,$n_{k'}$ 上分别加 1。

第三步:重复第二步,直至达到迭代次数。

在迭代结束后,通过已知信息得到主题对词语的概率分布 φ 及文档对主题概率分布 θ。

$$\varphi_{k,t} = \frac{n_k^{(t)} + \beta_t}{n_k + \beta_t}$$

$$\theta_{m,k} = \frac{n_m^{(k)} + \alpha_k}{n_m + \alpha_k}$$

本章在 LDA 模型的基础上，提出了情感潜在狄利克雷分布（ELDA）模型。与上述标准 LDA 相比，ELDA 模型将主题层替换为情感层，因为本研究旨在提取嵌入在文档中的情绪信息。与 LDA 的原理相似，ELDA 通过语料库中的词语共线性获得隐藏的情绪。因此，ELDA 可以表述成一篇文档是情绪的混合，而每个情绪都是以一定概率分布的词语的组合。由于词语的一致性，被认为是同一情绪的词应分为同一类，例如，"欢乐"和"享受"应归类于"快乐"情绪。由于这两个词总是在一起出现，因此 ELDA 模型会将这两个词分为同一类别，例如"观看世界杯最好的方式是享受凉爽的啤酒，并为你最喜欢的球队和你的朋友在大屏幕上而欢呼"。

标准 LDA 是一个完全无监督的学习过程，因此通过观察到的文档和词语提取的主题不带标签。但是完全无监督的过程不适用于本研究的情境，因为特征提取需要去标注每个提取出来的词语的情绪和情绪相应的概率值。因此本研究提出的 ELDA 在标准 LDA 的基础上引入了"半监督"概念，通过现有情绪词典来"半监督"模型的学习，即 NRC[157]。ELDA 的原理是情绪词汇中带有情绪标签的词语应该只被分配到其中一个情绪标签中，而其他不在情绪词汇中的词语可以出现在任何情绪中。例如，"幸福"被贴上快乐、期待和信任的标签，那么这个词语应该只出现在这 3 种情绪中，而不会出现在愤怒情绪之下。该词典为模型学习和推理提供了有用的信息。与标准的 LDA 相比，我们引入了现有的词典作为先验知识进行模型学习的指导。ELDA 的模型示意如图 5.7 所示。

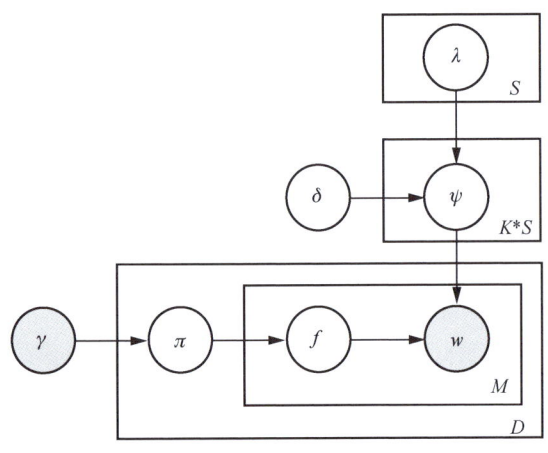

图 5.7 情感隐含狄利克雷分布示意

参数 γ 是文档—情绪分布 π 的狄利克雷先验参数，δ 是情绪—词语分布 ψ 的狄利克雷先验参数。同时，情感隐含狄利克雷分布基于一部分先验知识，即 NRC 情感词典。因此，本模型将引入一个参数 λ 来表示先验知识。如果一个词语 w 出现在词典中，同时在词典中具有情绪标签 f_i，那么 $\lambda_{f_i,w}$ 被设置为 1，否则为 0。因此情绪—词语的先验分布参数修正为 $\delta \cdot \lambda$，即当词语 w 出现在词典并被标注为 f_i 时 $\lambda_{f_i,w}$ 为 1，否则 $\lambda_{f_i,w}$ 为 0。比如"遗弃"在词典中被标注为情绪标签"害怕"，那么这个词语被认为在"害怕"这个情绪下，因此它不会出现在其他情绪下，因为 $\delta \cdot \lambda$ 在其他情绪下都是 0。

假设有个语料库包含 M 个文档，每篇文档的词语个数为 N_i，该语料库的全部词汇为 $\{1,2,...,V\}$。ELDA 的隐含层包含 9 个情绪类别。Plutchik 的情绪轮盘共有 8 种基本情绪类别，而一些词语可能不属于上述 8 种类别的任意一种，因此该模型设定了一个额外的情绪类别作为"噪音"情绪。正如前文所述，矩阵 λ（大小为 $K \times V$）可用于表示先验知识，ψ 表示词语与情绪的关联关系。在进入生成过程之前，λ 首先被初始化为 1，那么在语料库中的词汇表里，对于任意一个词语 $w \in \{1,2,...,V\}$，如果 w 在情绪词典中，那么 λ_{lw} 为：

$$\lambda_{lw} = \begin{cases} 1, & if\ af(w) = l \\ 0, & otherwise \end{cases}$$

其中 $af(w)$ 表示情绪词典中的 w 对应的情绪标签，$l \in \{1,2,...,K\}$ 表示每个情绪，比如索引为 i 的单词"和谐"被标注为"喜悦"和"信任"两个标签，那么 λ 对应的行向量为 [0,0,0,0,1,0,0,1,0]，其中每个元素分别依次对应愤怒、期待、厌恶、恐惧、喜悦、悲伤、惊讶、信任和噪音情绪。那么，对于每个情绪 $k \in \{1,2,...,K\}$，将 λ_{ki} 与 β_{ki} 相乘后，只有"喜悦"和"信任"两个情绪标签下的值会被保留，其他情绪标签的值被设定为 0。那么在 ELDA 中每篇文档的生成过程可以总结如下。

- 选取一个主题（即情绪）分布 $\theta_m \sim Dir(\alpha)$
- 选取主题下单词分布 $\varphi_k \sim Dir(\beta \cdot \lambda)$
- 对于每个词语 $w_{m,n}$ 所选的主题，从该主题具有词语分布的所有词语中选择一个单词。
  - 选择一个主题 $z_m \sim Multi(\theta_m)$
  - 选择词语 $w_{m,n} \sim Multi(\varphi_{z_m})$

在标准 LDA 里，吉布斯采样常用于估计后验分布，那么在文档 m 下主题（即情绪）k 的概率 θ_{mk} 和该情绪下词语 t 的概率 φ_{kt} 分别为：

$$\theta_{mk} = \frac{n_{m,\neg i}^{(k)} + \alpha_k}{\sum_{k=1}^{K}\left(n_{m,\neg i}^{(t)} + \alpha_k\right)}$$

$$\varphi_{kt} = \frac{n_{k,\neg i}^{(t)} + \beta_t}{\sum_{t=1}^{V}\left(n_{k,\neg i}^{(t)} + \beta_t\right)}$$

通过 ELDA，每个信息都会被处理成情绪的分布，该分布即文本信息的情绪，将作为模型输入的一部分参与模型构建过程。

5.4.2 图像情绪信息提取

图像分析通常使用深度学习的方式。本节将采用现有研究已开发的一种大规模的多语言视觉情感本体（Multilingual Visual Sentiment Ontology，MVSO），该本体已被证明对图像情感分析与情绪分析的有效性[158]。这里采用了 MVSO 的英文版本进行研究。MVSO 有个重要的概念——形容词—名词对（Adjective-Noun Pairs，ANPs），它们用于标记每一张图像，如"美丽的景色""快乐的脸"等。正如该概念的表面组成一样，ANP 是由一个形容词和一个名词构成，其中形容词对其对应的名词所描述的实体具有强烈的情感和情绪。ANP 的概念有利于捕捉图像中的情感和情绪。

MVSO 基于卷积神经网络构成的深度学习框架组成。卷积神经网络（Convolutional Neutral Network，CNN）是深度学习中的常用模型，因其优异的分类性能而广泛应用于视觉分析。CNN 与传统神经网络类似，具有神经网络的基本元素（例如，具有可学习的权值和神经元）。相比传统神经网络采用的矩阵乘法函数，CNN 中至少有一层包含卷积函数。

CNN 的结构通常由卷积层、池化层和完全连接层 3 种不同类型的层组合而成。

- 卷积层由滤波器组成，滤波器可产生相应的特征映射。

以二维图像 I 为例，卷积运算如下：

$$S(i,j) = (K*I)(i,j) = \sum_{m}\sum_{n}I(i+m,j+n)K(m,n)$$

其中图像 I 是我们的输入，K 是核函数。此外，卷积函数具有重要的学习属性，即稀疏交互、参数共享和等变表示。典型的神经网络通常采用输入输出矩阵相乘的方法，即每个输出神经元与每个输入神经元相连接。对于卷积神经网络，卷积函数可以通过稀疏交互减少参数个数，使内核数小于输入个数。同时，多个内核可以共享相同的参数。卷积运算的另一个特性是输出变化与输入变化相同的等价性。图 5.8 说明了卷积运算如何利用步长为 1 的 3×3 滤波器工作。

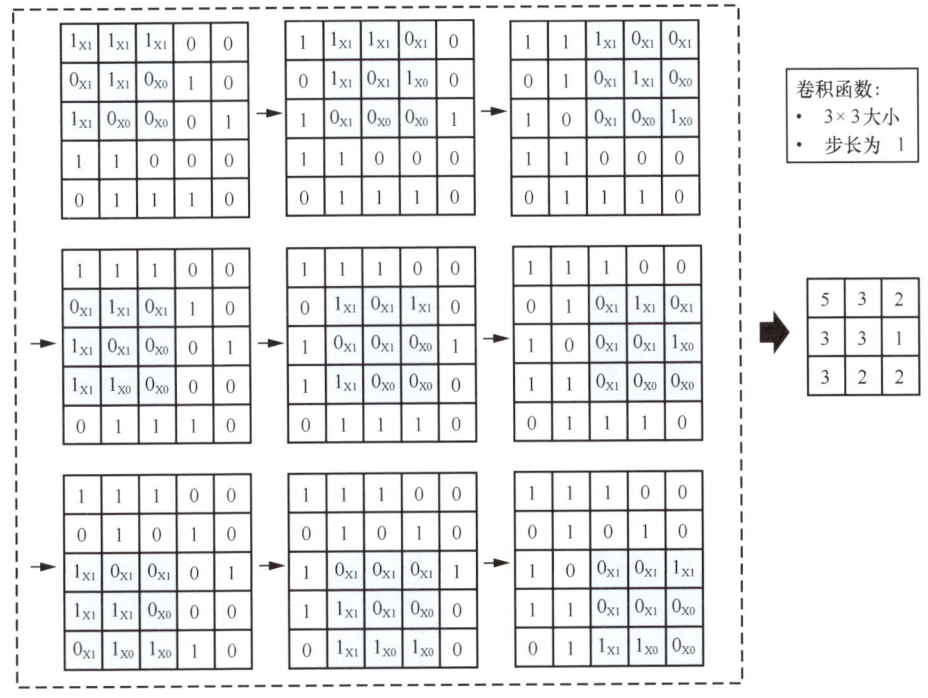

图 5.8 卷积运算举例

- 池化层可以从卷积层的输出中减少参数的维数。在本研究中,我们采用了最常见的池化操作之一,称为最大池化,它输出给定特征映射区域的最大值。图 5.9 显示了使用 2×2 滤波器和步长为 2 的最大池过程。

图 5.9 最大池化过程举例

- 完全连接层是指每个神经元连接到上一层的每个神经元。该层结构与传统神经网络结构相似。

更具体地说,MVSO 利用了名为 AlexNet 的架构进行基于图像的情感分析。AlexNet 体系结构由 8 层组成。前 5 层是卷积层,其余 3 层是完全连接层。

图 5.10 描述了 AlexNet 架构。

在本章的 MVSO 里,CNN 的输入是图片,对应的输出是 ANPs。输入图像的大小为 224×224(RGB)。此外,MVSO 利用 AlexNet 为基础的 8 层结构(Krizhevsky 等,2012)。

第一层是 96 个核的卷积层,大小为 11×11,步长为 4;第二层是最大池层,包含 2×2 个内核;下一层是第二个卷积层,包含 256 个大小为 5×5 的内核,然后是第二个最大池层，包含 2×2 个内核；在它之后，还有 3 个没有池化操作的卷积层，分别是 384 个卷积核（3×3）、384 个卷积核（3×3）和 256 个卷积核（3×3），然后是 2×2 个核的最大池化操作；然后，将前一层的输出（即最大池化的输出）视为一维向量的输入，最终输出的是 ANP 的概率。模型在多个 GPU 中训练。

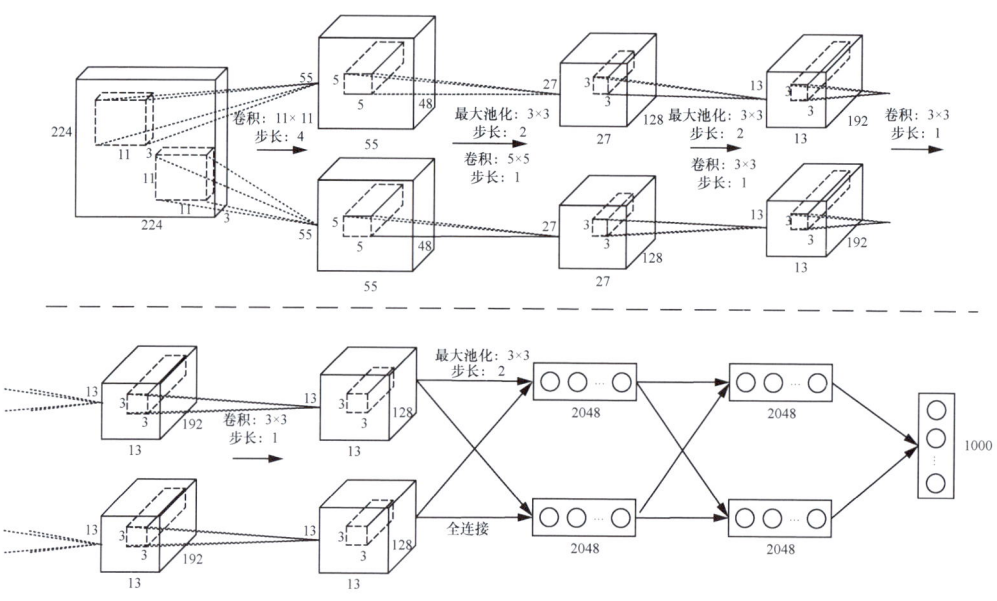

图 5.10　AlexNet 结构

在 MVSO 之后，一个重要的问题来了，本研究需要获取的并不是 ANP，而是其到情绪的映射。因此，在英语语境中，每个图像对应 4432 个 ANP，每个 ANP 被映射到各自的情绪中。

在这一部分中，为了消除分类器中的噪音，我们只使用前两个 ANP 来标记每个图像，并计算了文本分析中使用的 8 种情绪类别。

5.5　在线企业信用评级实验

5.5.1　数据描述

上文探讨了从在线社交媒体的文本或图像中获取的情绪信息对企业信用评估的预测能力。

为了验证本研究提出的情绪信息的有效性，本节采取了标准普尔 500 指数里的企业，并收集全球最大的社交媒体之一的信息作为社交媒体数据，其中所有提及企业官方账号的信息都会纳入社交媒体信息分析中。

实验以财务季度为单位，其中因变量为企业信用评级，同时该评级应选取自变量的后一季度发布的评级数据；自变量包括传统的财务特征、社交媒体文本中的情绪信息和社交媒体图像中的情绪信息。

传统的信用评级模型主要利用一些常用的定量财务指标来评估企业的信用状况。这些财务指标通常可以揭示企业的基本特征。在我们的研究中，常用的财务指标包括6个代表企业特征的变量（Ashbaugh-Skaife 等，2006）。上文提到债务资产比（DTA）、资产收益率（ROA）和利息覆盖率（IC）被用来评估公司的财务状况。

- 债务资产比（DTA）是总负债除以公司的总资产。
- 资产收益率（ROA）是指净收入除以总资产。
- 利息覆盖率（IC）是指公司在给定时期内的息税前利润（EBIT）除以利息支出。

此外，如果一家企业在一个财政季度和上一季度的净收入为负，则通过赋值1来确定分类指标（亏损），否则其值设置为0。

此外，公司规模（SIZE）是通过对公司总资产的对数来估计的。

本研究中使用的最后一个控制变量是资本强度（CI），其计算方法是将公司的固定资产（财产、厂房和设备）除以其总资产。

我们知道，社交媒体文本和图像的情绪信息分为8类，分别是愤怒、期待、厌恶、恐惧、喜悦、悲伤、惊讶和信任。在结合了社交媒体信息（文本和图像）后，整个数据集包含2168条观察结果和117家企业。

5.5.2　文本情绪提取

正如前文的介绍，ELDA 模型中的情绪个数被设置为9而不是8，因为建模过程中语料库里的词语可能不包含在词典中任何现有的情绪状态中。表 5.3 显示了情绪词典中8种情绪状态的一些词语示例。

表 5.3　情绪词典词语示例

情 绪 状 态	词 语 示 例
愤怒（Anger）	争辩（argue） 攻击（attack） 威胁（threat） 拒绝（reject） 惩罚（punishment）

续表

情 绪 状 态	词 语 示 例
期待（Anticipation）	天使（angel） 出生（birth） 开心（happy） 假期（holiday） 希望（hope）
厌恶（Disgust）	邪恶（evil） 失败（failure） 生病（ill） 丑陋（ugly） 浪费（waste）
恐惧（Fear）	遗弃（abandon） 虐待（abuse） 受伤（injure） 痛苦（misery） 侵略（invade）
喜悦（Joy）	奖励（award） 美丽（beauty） 奖金（bonus） 开心（cheer） 安全（safe）
悲伤（Sadness）	破产（bankruptcy） 乞讨（beg） 冲突（conflict） 延期（delay） 疾病（sickness）
惊讶（Surprise）	礼物（gift） 问候（greeting） 猜测（guess） 邀请（invite） 戏谑（prank）
信任（Trust）	顺从（compliance） 信心（confidence） 良师益友（mentor） 圣人（oracle） 完美（perfect）

5.5.3 图像情绪提取

通过卷积神经网络后，每个图像的输出是 4432 个 ANP 对应的概率值（这些概率值的和为 1），同时正如前文提到每个 ANP 可以映射到 8 个情绪类别中。表 5.4 展示了 ANP 示例。

表 5.4　ANP 示例

情 绪 状 态	词 汇 示 例
愤怒（Anger）	愤怒的脸（Angry face） 激烈的战斗（Heavy combat） 汹涌的海水（Raging water） 不可饶恕的罪行（Deadly sins） 汹涌的河流（Raging river） 汹涌的海浪（Raging waves）
期待（Anticipation）	有趣的建筑（Interesting buildings） 全速的前进（Full Speed） 喜爱的风景（Favorite landscape） 独特的奖励（Unique award） 皇家假日（Royal holiday） 美好的作品（Nice composition）
厌恶（Disgust）	邪恶的坟墓（Unholy grave） 肮脏的鞋底（Dirty soles） 肮脏的水（Dirty water） 奇怪的食物（Weird food） 凌乱的房间（Messy room） 肮脏的脚（Dirty foot） 丑陋的工作室（Ugly studio）
恐惧（Fear）	恐惧的脸（Scared face） 邪恶的小丑（Evil clown） 可怕的小丑（Scary clown） 闹鬼的监狱（Haunted prison） 有毒的蛇（Venomous snake） 猛然惊醒（Rude awakening） 假血（Fake blood）
喜悦（Joy）	年轻的队伍（Junior team） 英勇的小狗（Bold dog） 令人愉悦的舞蹈（Sensual dance） 移动的云朵（Moving clouds） 伟大的公司（Great company） 平静的湖（Serene lake） 健康的生活方式（Healthy lifestyle） 开心的团队（Happy team）

续表

情 绪 状 态	词 汇 示 例
悲伤（Sadness）	悲伤的姑娘（Sad girl） 悲伤的脸庞（Sad face） 悲伤的眼睛（Sad eyes） 哭泣的婴儿（Crying baby） 凋谢的花朵（Dead flowers）
惊讶（Surprise）	美味的食物（Amazing food） 美妙的旅行（Grand voyage） 美丽的花朵（Excellent flowers） 发光的心（Sparkling heart） 神奇的地方（Amazing places） 美丽的歌手（Beautiful singer）
信任（Trust）	庄严的房屋（Stately house） 户外教育（Outdoor education） 皇家银行（Royal bank） 青年天才（Young talent） 电气化铁道（Electric railway） 医疗救护（Medical aid）

5.5.4 实验结果

上一小节提到，在结合了社交媒体信息（文本和图像）后，整个数据集包含了 2168 条观察结果和 117 家企业。数据集分为两部分，一部分是训练集，另一部分是测试集，用于样本外预测。利用训练集对固定效应模型进行估计，然后利用该模型进行样本外预测。如前所述，本季度的因变量企业信用评级被视为上一季度的评级结果。例如，因为评级公告的延迟（Bonsall 等人，2016），A 公司 2016 年 6 月的信用评级被视为上一季度的信用评级，即 2016 年 1 月至 2016 年 3 月。同时，将每家企业的观察结果按二比一的比例分成训练集和测试集。考虑到我们在回归中使用的面板数据，所以，构成训练集的 66% 的观察值是按照时间顺序收集的，其余 34% 的观察值是按照时间顺序从最近几个季度收集的。例如，对于阿拉斯加航空公司（Alaska Air Group），2011 年 9 月至 2016 年 6 月共有 20 次季度观察。当我们训练模型时，前 66% 的观察（向上取整有 14 个训练实例），即 2011 年 9 月至 2014 年 12 月的观察结果，都包含在训练集中。当我们应用该模型进行样本外预测和混合回归时，其余 34% 的观察结果（即 2015 年 3 月至 2016 年 6 月的 6 个测试实例）包含在测试集中。

1. 信用评级作为数值

对于预测任务，采用了两种常用的评估指标，即平均绝对误差（MAE）和均方根误差（RMSE）（Aggarwal 2015，Yang et al.2018）。

$$MAE = \frac{\sum_{i=1}^{n}|y_i - y_i'|}{n}$$

$$RMSE = \sqrt{\frac{\sum_{i=1}^{n}(y_i - y_i')^2}{n}}$$

其中y_i表示第i个真实值，y_i'表示第i个预测值。

基于社交媒体信息的企业信用评级结果见表 5.5。

基于表 5.5 的结果，从平均绝对误差来看，文本中提取的投资者情绪预测能力略优于从图像中提取的投资者情绪预测能力；但从均方根误差来看，图像中提取的投资者情绪预测能力略优于从文本中提取的投资者情绪预测能力。然而，当我们同时利用从文本和图像中提取的投资者情绪时，预测性能会得到进一步的提高。原因可能是，无论是文本还是图像，都只能部分地捕捉投资者的情绪。因此，更好地近似投资者的全部情绪的办法是利用这两个信息源，因为它们是互补的。

表 5.5 回归预测结果

特　　征	MAE	RMSE
财务指标	0.5544	0.7932
财务指标 + 文本特征	0.5517	0.7890
财务指标 + 图像特征	0.5528	0.7872
全部特征	0.5509	0.7845

表 5.5 显示各实验结果总体的优劣，为了进一步验证结果的有效性，下面使用不同的特征组合进行配对 t 检验（Paired T-tests）来比较模型预测效能的绝对误差与相对误差。

- 绝对误差（Absolute Error）：真实值与测量值的差的绝对值。在本书背景下，绝对误差指的是两个实验获取的预测值的差的绝对值。
- 相对误差（Relative Error）：绝对误差占真实值的百分比。同理，本书背景下，相对误差指的是上述绝对误差占被比较的实验预测值的百分比。

首先将这些预测任务依次标注为：
- E1（仅使用基本财务指标进行预测）
- E2（财务指标 + 从文本中提取的情绪）
- E3（财务指标 + 从图像中提取的情绪）

- E4（财务指标 + 从文本和图像中提取的情绪）。

然后对模型预测性能的配对 t 检验结果如表 5.6 所示。

表 5.6　t 检验结果

模型比较	绝对误差		相对误差	
	p 值	t 统计量	p 值	t 统计量
E2 vs. E1	0.0000***	4.1551	0.0000***	4.1862
E3 vs. E1	0.0066***	2.4826	0.0084***	2.3951
E4 vs. E1	0.0001***	3.6860	0.0001***	3.6724
E4 vs. E2	0.0687*	1.4876	0.0867*	1.3628
E4 vs. E3	0.0000***	4.0078	0.0000***	4.0517

通过利用从文本或图像的社交媒体帖子中提取的投资者情绪，模型的预测误差显著降低。特别是将从文本和图像社交媒体帖子中提取的投资者情绪同时应用于预测任务时，模型的预测性能明显优于仅从文本帖子中提取情绪信息（和传统财务指标）或者仅从基于图像的帖子中提取的情绪（和传统财务指标）。

此外，本章还利用其他常用的机器学习回归模型，如神经网络（NN）和支持向量回归（SVR）来验证从社交媒体帖子中提取的投资者情绪是否能够提高企业信用评级的预测性能。预测结果见表 5.7。研究表明，将从基于文本或图像的社交媒体帖子中提取的投资者情绪结合起来，总是比预测模型仅使用传统财务指标的模型更能提高预测性能。表 5.7 的结果与之前的实验结果一致，同时使用多个特征数据源进行企业信用评级的结果最好。

表 5.7　其他回归模型预测结果

特征	NN		SVR	
	MAE	RMSE	MAE	RMSE
财务指标	1.6363	2.1222	1.3244	1.7536
财务指标 + 文本特征	1.5207	1.9266	1.3097	1.7254
财务指标 + 图片特征	1.5577	2.0052	1.3197	1.7429
全部特征	1.5016	1.8865	1.3074	1.7245

2. 信用评级作为等级

将不同等级映射到 4 个类别中（详见第 4 章），但由于处理好的数据集中 D 级别的公司只存在于训练集中，因此将 D 类别归类于 C 类别，因此最终该训练集和测试集共有 3 个类别（A、B 和 C），将该评级问题转化为多分类问题，使用神经网络、支持向量机和随机森林进行信用风险评估。

表 5.8 展示了分类结果，从该结果可以看出，随机森林表现最好。随机森林是一种常用的集成学习方法，通过构造多棵决策树来决定最终的分类结果。在这个数据集上，表现最差的是支持向量机，其中召回率（Recall）低于 0.5，但是其精确度（Precision）在三个模型中表现较好。

表 5.8　信用评级结果（分类）

	准确率	召回率	精确度	F1 测度
SVM	0.6493	0.4842	0.7818	0.4796
NN	0.7152	0.6644	0.7035	0.6774
RF	0.7825	0.7244	0.7911	0.7500

为了验证本研究提出的特征有效性，表 5.9 展示了只使用传统特征的分类模型结果。与表 5.8 一致，综合 4 个指标来看，随机森林表现最好，4 个指标都在 0.7 以上，但表现都不如加入了社交媒体特征的模型。同时，支持向量机表现最差，F1 测度值只有 0.44，但是精确度高达 0.79。整体来看，只使用传统特征的模型表现都不如加入了社交媒体情绪特征的模型的表现。实验结果证明了本研究提取的特征的有效性。

表 5.9　信用评级结果（仅使用财务指标）

	准确率	召回率	精确度	F1 测度
SVM	0.6478	0.4667	0.7925	0.4441
NN	0.6738	0.5973	0.6347	0.6116
RF	0.7504	0.7139	0.7356	0.7236

本实验采用两种方式对因变量（即信用评级）进行处理。

第一种方式是将等级映射到不同的数值，然后利用回归模型对自变量与因变量的关系进行建模，结果显示本研究提出的多模态情绪特征有利于信用评估。

第二种方式是将等级映射到不同类别，将信用评分转化为多分类问题，实验结果验证了多模态情绪特征的有效性，也就是说，情绪特征的引入增加了信用评分的准确性。

5.6　本章小结

本章考察了投资者在网络社交媒体上的情绪对企业信用评级的预测作用。通过先进的机器学习方法从在线社交媒体的文本和图像两种模态中提取发布者的情绪。为了对情绪进行提取，本章提出了一种新的提取文档—情绪分布的方法。借鉴标准

LDA 的思想，提出了基于先验知识（现有词汇）的情绪 LDA（ELDA）模型来获取情绪分布；同时基于一个 AlexNet 的深度学习框架构建了 MVSO，从而获取了图像上显示的情绪分布。

为了验证评级框架的有效性，本章通过回归和预测两种方式采用真实数据集进行分析。实验结果显示社交媒体中的情绪特征有利于提高企业信用评级的准确性，可以作为评估企业信用风险的一个及时、恰当的指标。

实验结果表明，随机森林的表现优于支持向量机和神经网络。从实验结果可以看出，嵌入社交媒体中的情绪状态是评估企业信用的良好指标。此外，与其他金融变量相比，社交媒体信息更新及时，便于收集和处理。因此嵌入在社交媒体中的丰富的实时信息被纳入信用评级模型是合理和必要的。

尽管之前的研究已经检验了从文本中提取的投资者情绪对企业信用风险的影响，但之前还没有一篇发表的研究探索了投资者情绪是否有利于企业信用评级。

尽管文本分析已被应用于分析企业信用风险，但很少有人尝试设计多模态社交媒体分析方法，从社交媒体上捕获的文本和图像中提取有用的结构，以便分析企业信用状况。因此，我们设计了一个基于机器学习的多模态数据分析方法，从而促进企业信用价值分析和预测。

本章的研究有助于评估基于文本的情感挖掘与基于图像的情感挖掘在企业信用评级背景下的有效性。

与传统的财务指标相比，社交媒体信息在不断更新，而且易于以低成本获得。在公布季度（月度或年度）财务指标之前，企业或评级机构可以利用社交媒体识别投资者情绪，从而及时分析目标公司的信用价值。总体而言，企业应该更加关注公众对公司的多模态的社交媒体发布，因为这些信息捕捉了投资者或客户对公司的意见和态度，可能影响其他投资者或客户的态度或行为（例如，投资或购买行为）。最终，这些公众态度或行为可能会影响企业的价值，以及它们违约的可能性（即企业信用风险）。

第 6 章 结语

6.1 大数据背景下的个人信用评分

6.2 大数据背景下的企业信用评级

6.3 未来趋势

第 6 章 结语

随着技术的发展，金融科技活跃于大家的视线，成为近年来的金融与科技领域中的热门话题。

金融科技的概念拆开来看分别是"金融"和"科技"，"金融"是领域，"科技"是手段，目标是将科技应用于金融，因此如何通过技术去支持金融行业成为业界和学术界关注的焦点。

互联网的发展改变了传统的金融行业，很多金融机构的业务逐渐扩展到线上，但无论是对传统的线下金融服务还是对新型的线上金融服务，信用评估一直是金融行业重要的一个课题。

信用评估是对客户信用风险的进行量化，而"客户"可以是不同的主体。

本书探讨的主体是个人与企业。与传统信用评估不同，社交媒体大数据为信用评估带来了新的机遇。正如前文的讨论，信用评估的目的是更好地了解评估主体，而社交媒体大数据正是了解这些主体的新的数据来源。

本书从个人信用评分和企业信用评级两个角度出发，总结现阶段两个方面的研究，探索机器学习和深度学习如何用来从社交媒体大数据中提取有效信息，并将其应用于信用风险评估中。

6.1 大数据背景下的个人信用评分

在个人信用评分方面，本书第 2 章总结了现阶段传统的个人信用评分研究。现有的文献大部分集中在利用不同的模型去进行信用评分，即基于新客户的信息特征判断该客户属于信用良好客户或信用不良客户，同时金融机构会根据不同的模型表现选取最适合的模型帮助决策。本书通过不同的模型在两个标准数据集上进行评分建模，并比较了不同模型的评分表现。

结果显示，相比于统计学模型，机器学习模型并没有明显的优势。同时，在机器学习里，随机森林的表现优于单棵决策树，这也表明随机森林作为集成学习的优势，弥补了用单棵决策树进行分类时带来的不足。

随着技术的发展，很多金融业务从传统的线下转移到线上，同时金融机构持续面临更年轻的客户，而对这些客户缺乏传统的信用历史用来进行信用评分，因此利用在线大数据对客户进行信用评分变得十分重要。本书着力于在线大数据如何应用于信用评分。大数据背景下，金融机构面临着海量数据，从中提取对信用评分有用的信息是关键的环节，因此本书在第 3 章提出一种社交媒体下基于人格特质的个人信用评分框架，旨在从个人的社交媒体文本数据中提取人格特质信息，引入关于个人信用风险的新信息来源，将这些人格特质信息纳入评估过程。同时，通过可解释模块的应用来解决业界应用深度学习模型时缺乏解释力的问题。

本书从技术角度在个人信用评分问题方面做了如下的探讨。

1. 总结了统计学模型和机器学习模型在个人信用评分问题上的表现。
2. 探索了如何分析个人在社交媒体生成的内容并提取相关个人信用风险特征，提出了一种新型的基于社交媒体人格特质的信用评分框架，整合了社交媒体特征与传统个人基本信息。
3. 在深度神经网络的基础上嵌入可解释模块。

对个人信贷市场来说，良好的信用风险评估模型可以为金融机构减少损失，促进金融市场良好有序地发展。

- 个人信用评分对金融市场的有效运作十分重要，不同模型可以应用到个人信用评分过程，表现也各有不同。
- 在线大数据为金融机构提供了有效的数据来源，可以从客户相关的大数据中提取有用的信息用于更准确有效的信用评分。
- 人格特质信息帮助金融机构更加了解客户，也可应用在个人信用评分中以获取更精确的评分结果。
- 利用可解释的深度学习概念弥补深度学习缺乏解释能力的不足。

总结来看，本书第 2 章和第 3 章研究了社交媒体帖子与个人信用风险之间的关系。现有的研究和业界比较强调个人财务指标的重要性，但随着互联网金融的发展，金融机构可以获得更多的个人信息。金融机构不仅可以通过传统的财务特征来评估申请人的信用，还应该充分合理运用个人用户在社交媒体上发布的信息进行评估。通过对社交媒体内容的分析，金融机构可以更详细地了解客户。

6.2 大数据背景下的企业信用评级

本书还探讨了信用评估的另外一种常见主体——企业。对企业信用进行评估称为企业信用评级，通常由专门的信用评级机构负责，它们会对被评估企业的各方面信息进行收集和分析，最终给出一个信用风险等级。这个等级对市场投资者具有一定的参考价值。

在企业信用评级方面，本书第 4 章回顾了现有相关文献，总结了评级中的企业财务指标，从统计学及机器学习两种方法出发，对企业信用风险进行评估。企业信用风险评估通常可以看做是多分类问题，通过公开数据集，利用不同评级方法进行信用评级，结果显示统计学模型表现不如机器学习模型，同时随机森林的表现最好。

另外，本书介绍了常用的特征选择方法（过滤法、包装法和嵌入法），结果显示经过特征选择后的模型表现与全特征集上的模型表现并无明显差别。

随着信息技术的发展，现有研究和金融行业中使用的基本变量已经不能满足在线金融业务的要求。在线多模态数据为信用评级提供了新颖的补充信息，以支持更好的金融服务，这也更符合现代金融科技的需求。本书第 5 章利用多模态信息，以大众在社交媒体上发布的信息与企业信用评级有关为前提，探索了社交媒体大数据应用于企业信用评级的可行性。这里依然需要关注的问题是，社交媒体上蕴含着海量的信息，到底哪方面信息可以有效应用于评级？本书从情绪这个概念出发，研究了社交媒体中信任、喜悦和愤怒等情绪对企业信用评级结果的影响。

从技术角度，本书在企业信用评级方面做了如下的探讨。

1. 总结了统计学模型和机器学习模型在企业信用评级问题上的表现。
2. 提出了一种多模态数据分析框架，将社交媒体大数据里的文本和图像应用于企业信用评级。

对未来评级或者判断企业信用风险来说，信用评级机构和市场上的投资者可以有如下的新思路。

- 企业信用评级为市场投资者提供了参考，降低了企业与投资者之间的信息不对称性，将不同多分类模型应用于企业信用评级，加强对不同模型在评级问题上表现的理解。
- 信用评级中，评级机构要尽可能多地了解企业，这也是发行者付费模式的一大优势。在线社交媒体大数据为信用评级机构提供了解企业的新资源，从中可以提取信用相关信息。
- 社交媒体数据不仅包括大家常讨论的文本信息，还包括现阶段大众常用到的图像（甚至音视频）。两者均包含利益相关者的信息。
- 从社交媒体中提取的情绪信息可以帮助信用评级机构更加了解发行者，因此可以将这部分内容与传统财务指标进行结合以获取更好的评级效果。

总而言之，本书第 4 章和第 5 章探索了社交媒体大数据对企业信用评级的影响。更具体来说，从社交媒体大数据中提取利益相关者的情绪信息，并将其应用于企业信用评级中从而得到更优的评级效果。另外，本书还探讨了不同模态的数据，包括文本和图像，从不同模态数据中都可以获取情绪信息。相比于传统的财务指标，社交媒体数据更新速度快，也更容易获得。因此，通过对社交媒体数据进行分析，信用评级机构可以更加了解要进行评级的企业，完善评级机制，为市场提供更好更具时效性的参考。对于企业来说，可以结合公众的情绪，更好地管理公司的风险。

6.3 未来趋势

本书探讨的问题仍存在一定的局限性，下面讨论这个课题下未来的研究方向。

在信用评估主体为个人客户时，存在的局限如下所述。

- 首先，本书仅通过一家金融科技公司的数据来检验相关假设。事实上，许多其他的金融机构可能会为我们的实证结果提供其他证据。另外，基于其他金融机构的数据，我们可能会有不同的发现。
- 其次，本书只探索了我国的社交媒体平台——微博。其他国家的社交媒体平台可能存在不同的信息机制。
- 目前仅收集到 187 份有效问卷用于人格挖掘模型的训练和测试。

因此，针对本书读者来说，可以探索更多金融科技公司，探索社交媒体与个人信用评分之间的关系；未来的研究应该增加问卷和样本的数量。

通过对个人信用评分的探讨，本书发现社交媒体上蕴含着海量的用户生成数据，这些数据可以服务于更准确的个人信用评分，减少金融机构与个人客户之间的信息不对称性，加强机构对客户信用风险的了解。未来在个人信用层面，社交媒体数据的应用是一大趋势，在对社交媒体大数据进行分析的同时，切入点的选择也很重要。比如，本书是从个人的大五人格特质出发进行分析，但事实上社交媒体存在丰富的行为数据，如人际关系等，这些都是未来可以探索的关键点。

同样，在信用评估主体为企业时，本书也存在如下的局限性有待进一步研究。

- 首先，由于数据访问的限制，本书只研究了投资者在社交媒体上发布的社交帖子对企业信用评级的影响，没有探索更多的社交媒体平台。需要注意，从不同社交媒体平台提取的投资者情绪对企业信用评级的影响可能不同。
- 其次，虽然我们进行了稳定性检验，考察了不同模态的社交媒体数据的情绪状态对企业信用评级的影响，但两种模态的不同机制并没有涉及。
- 另外，目前本书使用的图像数据集是现成的，现有的 ANP 有 4421 个，可能携带一些噪音导致对情绪状态提取的准确性还不够。

因此，针对本书读者来说，未来的研究目标可能是重新生成训练数据集和重新训练卷积神经网络来获取情绪状态信息。新的数据集和模型可以为信息系统研究和评分机构提供重要的参考。

另外，本书只考察了标普500指数中的上市公司。未来，我们将更广泛地采集来自不同国家的公司样本，以便充分了解不同文化背景的投资者情绪对企业信用评级的影响。

社交媒体上的利益相关者的信息中包含大众对企业的情绪状态，通过情绪信息的输入进行实时的企业信用评级，同样通过评级输出减少投资者与企业的信息不对称性，有利于金融市场的高效运行。对于企业信用评级机构来说，尽可能多地了解企业，才能更精准地对企业进行信用风险评估，因此社交媒体大数据是很有效的数据源。当然，本书是从投资者情绪切入，未来应该有更多的数据应用于社交媒体数据分析，包括视频、音频等，多模态的数据源可以为企业信用评级提供更多、更有效的信息。

附录 A

信用评级建模中各季度的信用等级分布

附录 A 信用评级建模中各季度的信用等级分布

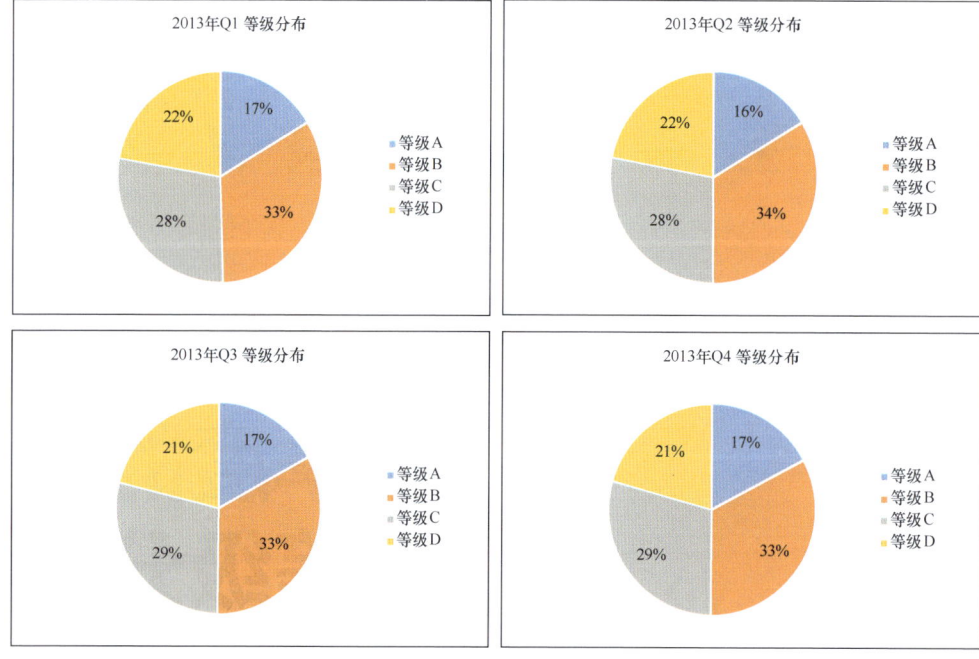

图 A.1 2013 年四个季度等级分布

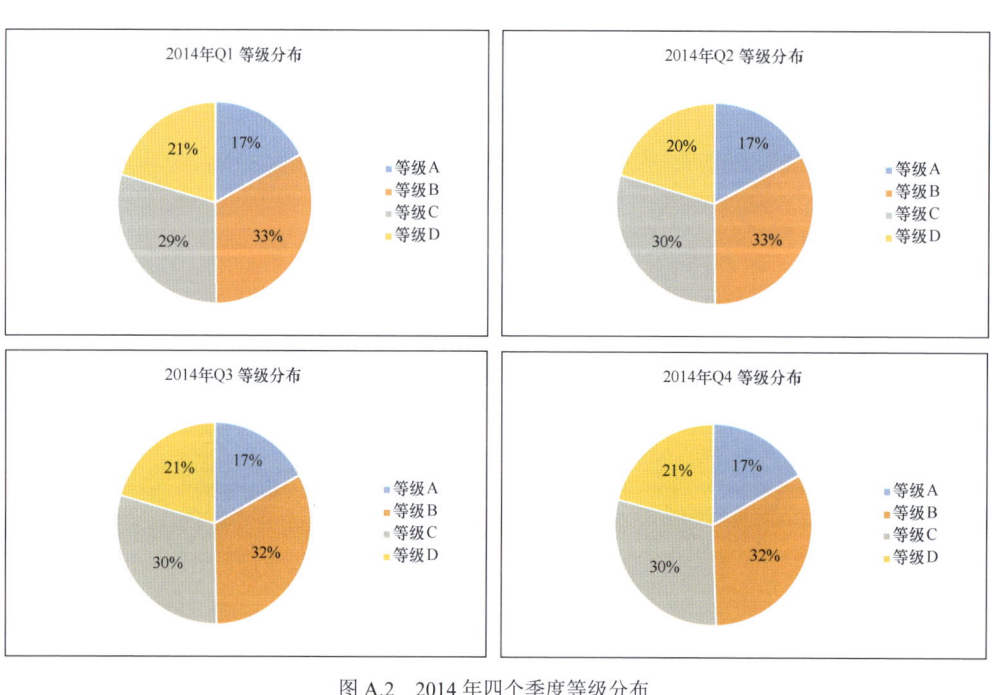

图 A.2 2014 年四个季度等级分布

附录 A 信用评级建模中各季度的信用等级分布

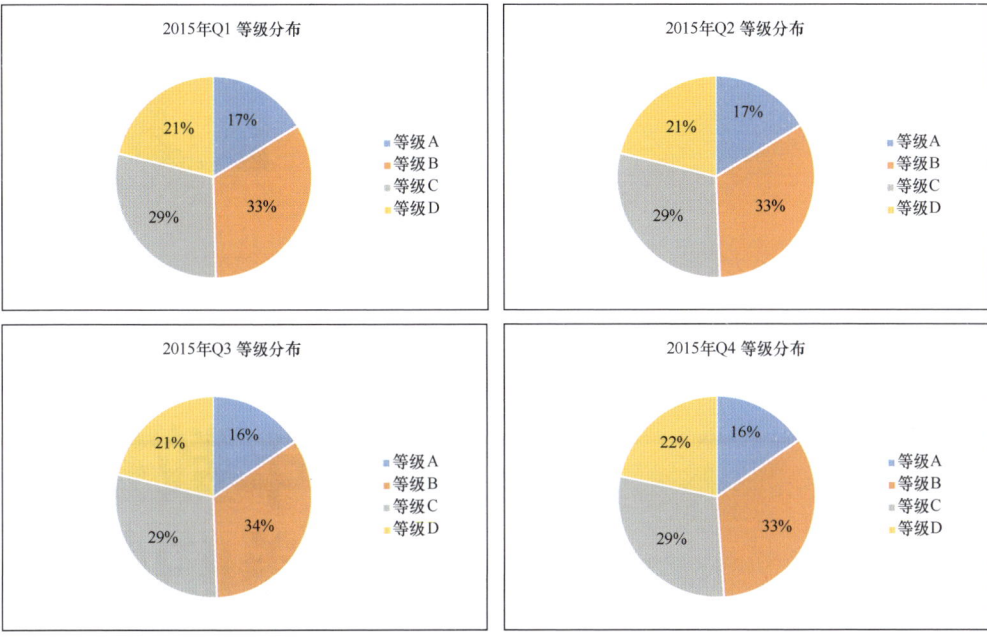

图 A.3 2015 年四个季度等级分布

附录 B

在 2013—2015 年数据集上的递归特征消除法结果（第二季度至第四季度）

附录 B 在 2013—2015 年数据集上的递归特征消除法结果（第二季度至第四季度）

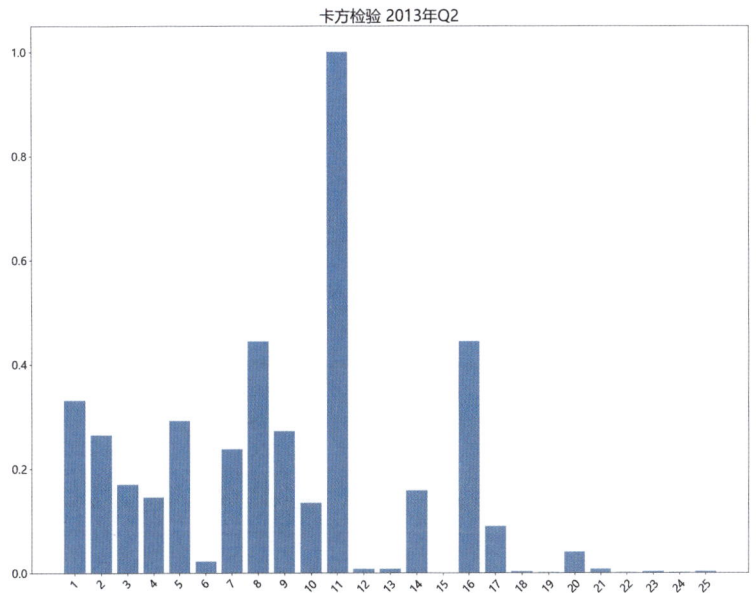

图 B.1　卡方检验结果（基于 2013 年第二季度数据）

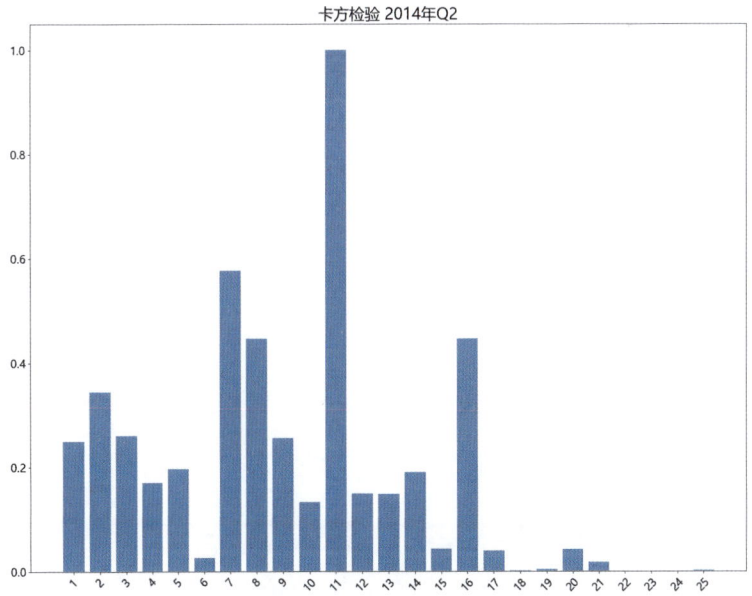

图 B.2　卡方检验结果（基于 2014 年第二季度数据）

146 | 附录 B　在 2013—2015 年数据集上的递归特征消除法结果（第二季度至第四季度）

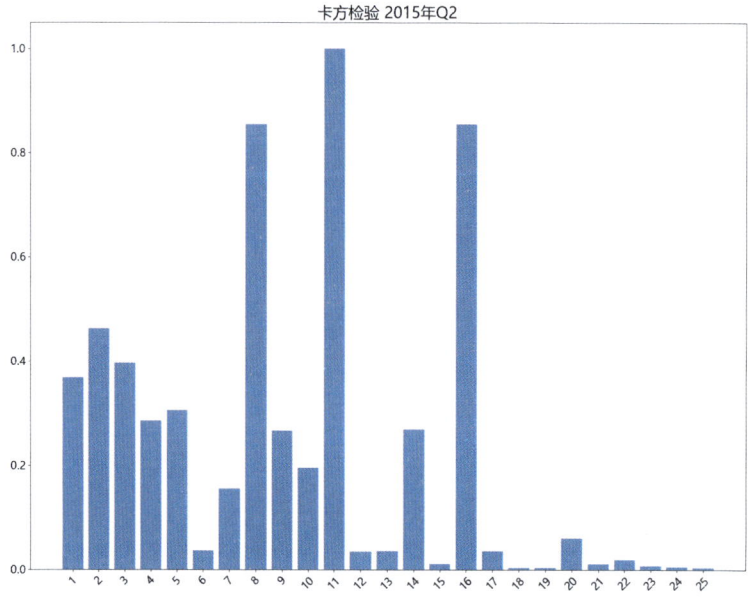

图 B.3　卡方检验结果（基于 2015 年第二季度数据）

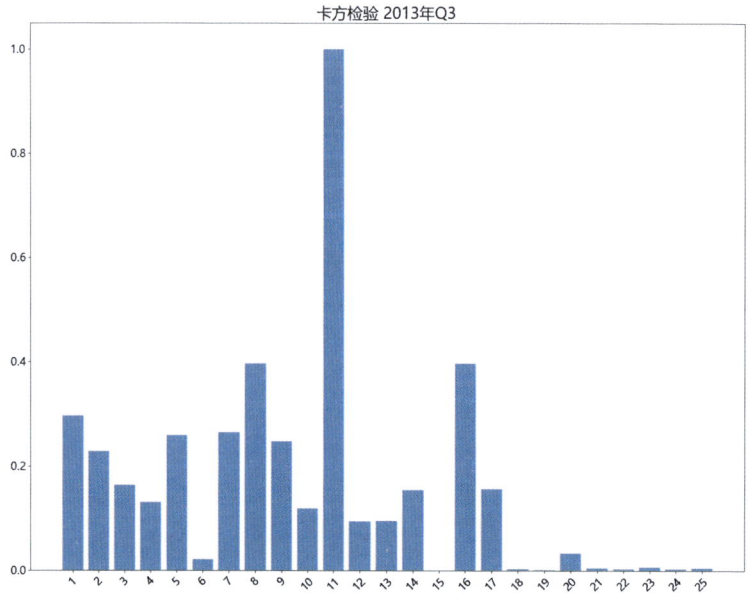

图 B.4　卡方检验结果（基于 2013 年第三季度数据）

附录 B 在 2013—2015 年数据集上的递归特征消除法结果（第二季度至第四季度） | 147

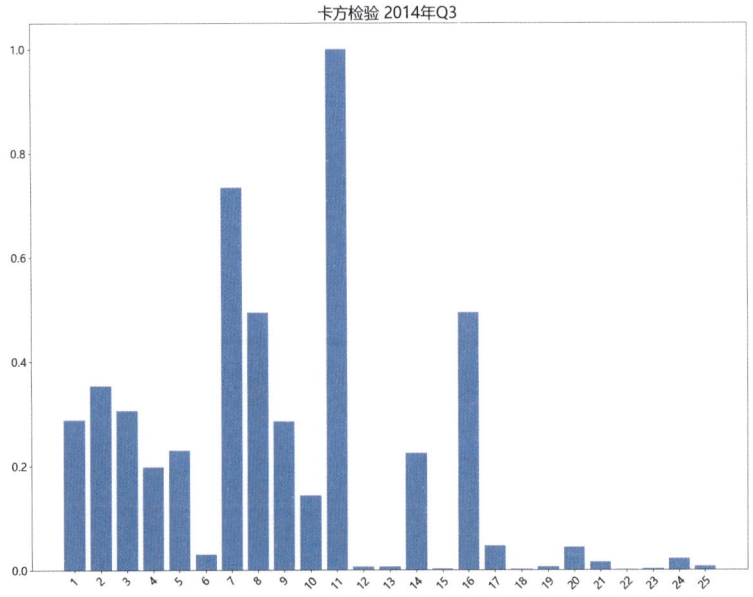

图 B.5 卡方检验结果（基于 2014 年第三季度数据）

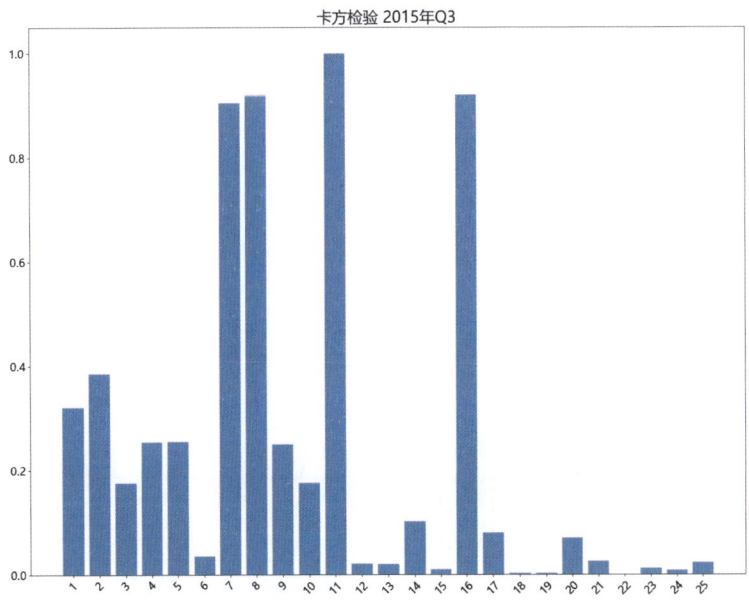

图 B.6 卡方检验结果（基于 2015 年第三季度数据）

附录 B 在 2013—2015 年数据集上的递归特征消除法结果（第二季度至第四季度）

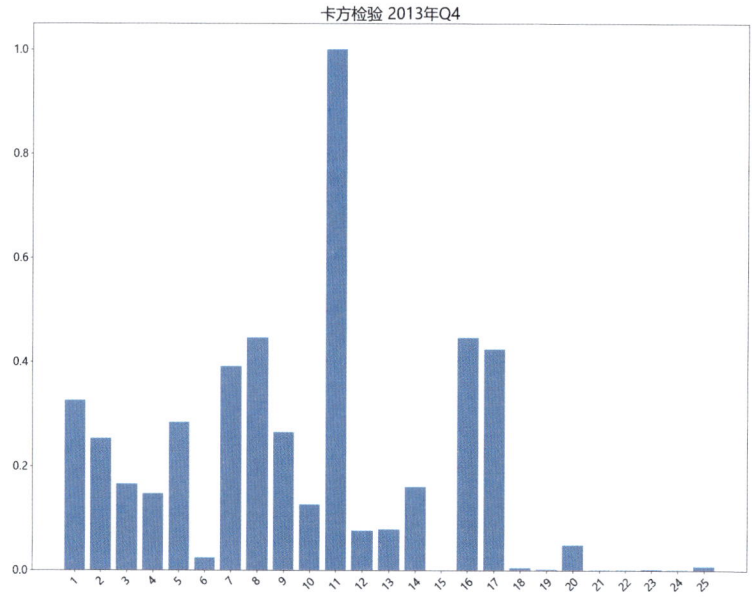

图 B.7 卡方检验结果（基于 2013 年第四季度数据）

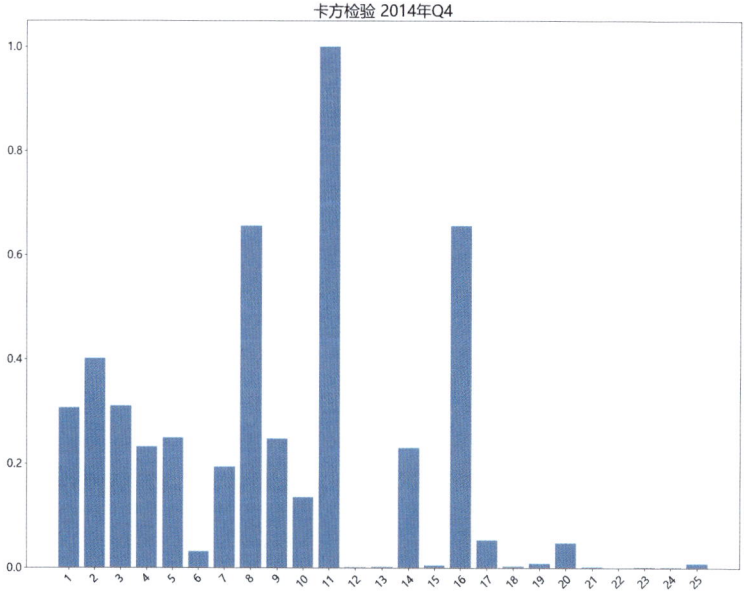

图 B.8 卡方检验结果（基于 2014 年第四季度数据）

附录 B 在 2013—2015 年数据集上的递归特征消除法结果（第二季度至第四季度）

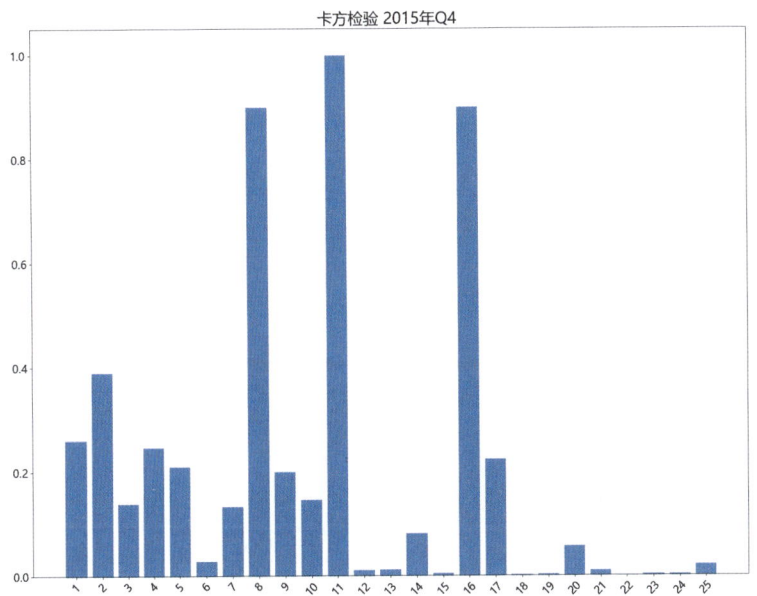

图 B.9 卡方检验结果（基于 2015 年第四季度数据）

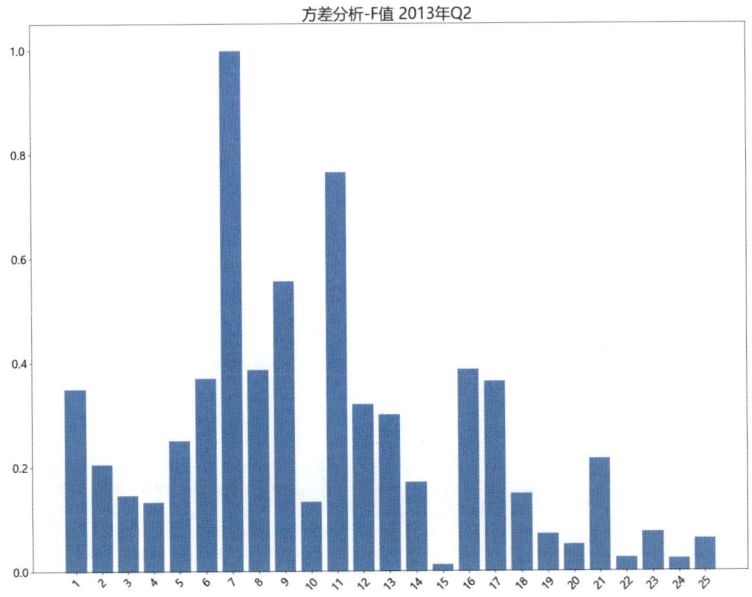

图 B.10 方差分析结果（基于 2013 年第二季度数据）

附录 B 在 2013—2015 年数据集上的递归特征消除法结果（第二季度至第四季度）

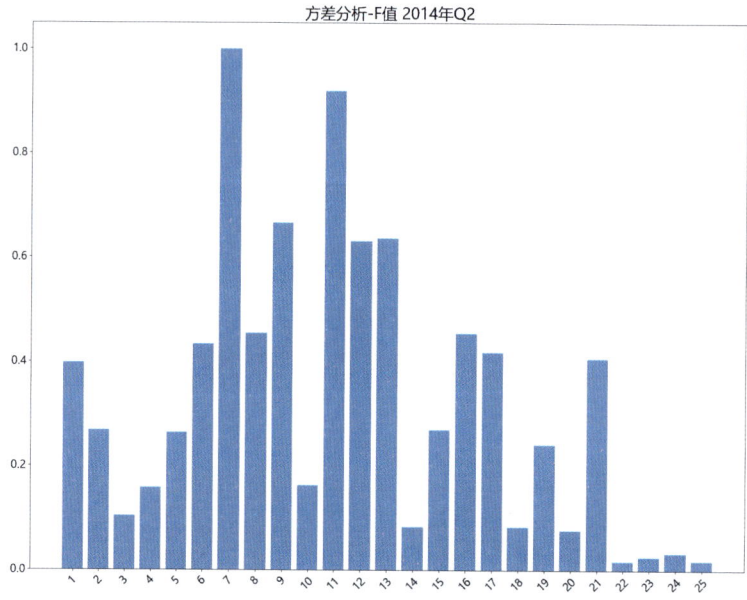

图 B.11 方差分析结果（基于 2014 年第二季度数据）

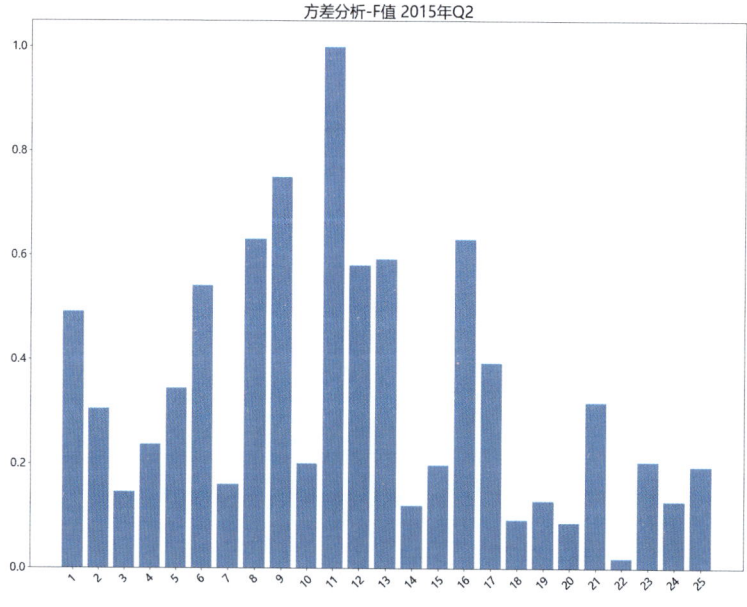

图 B.12 方差分析结果（基于 2015 年第二季度数据）

附录 B 在 2013—2015 年数据集上的递归特征消除法结果（第二季度至第四季度）

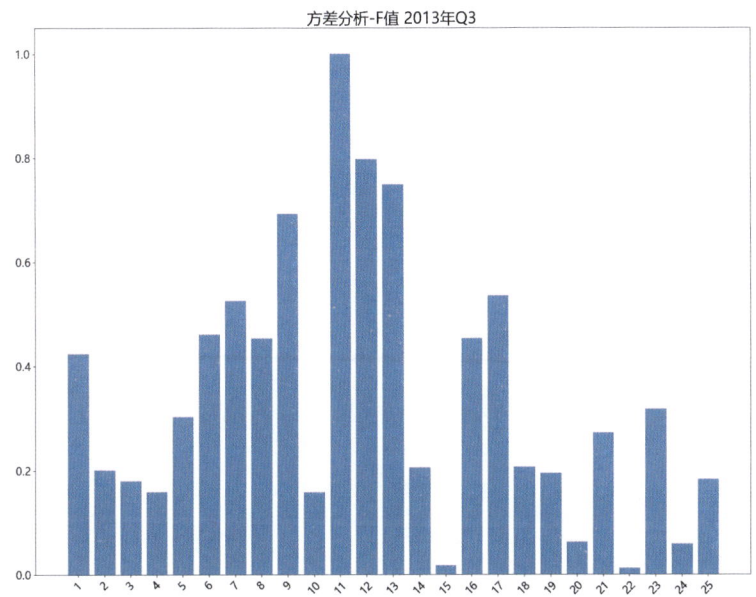

图 B.13　方差分析结果（基于 2013 年第三季度数据）

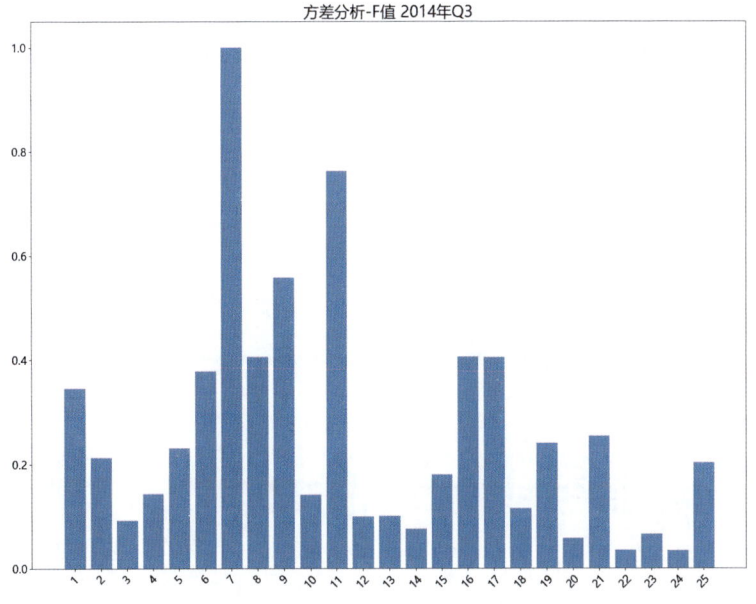

图 B.14　方差分析结果（基于 2014 年第三季度数据）

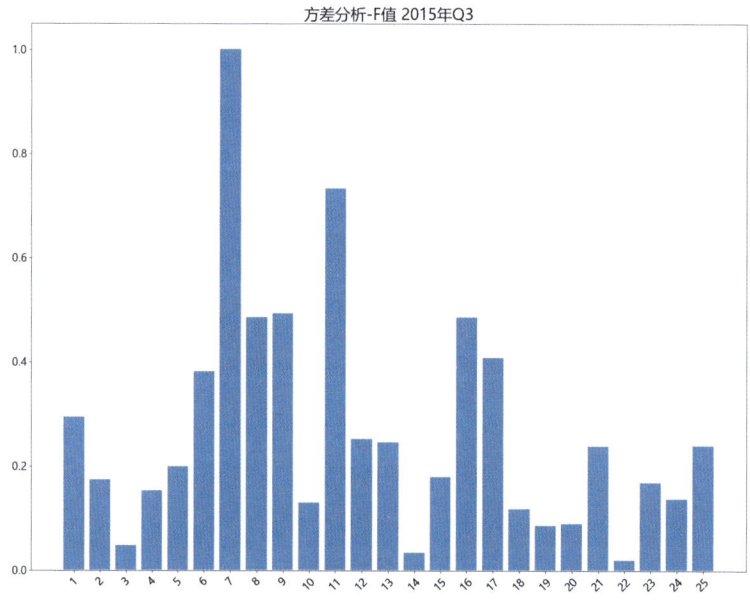

图 B.15　方差分析结果（基于 2015 年第三季度数据）

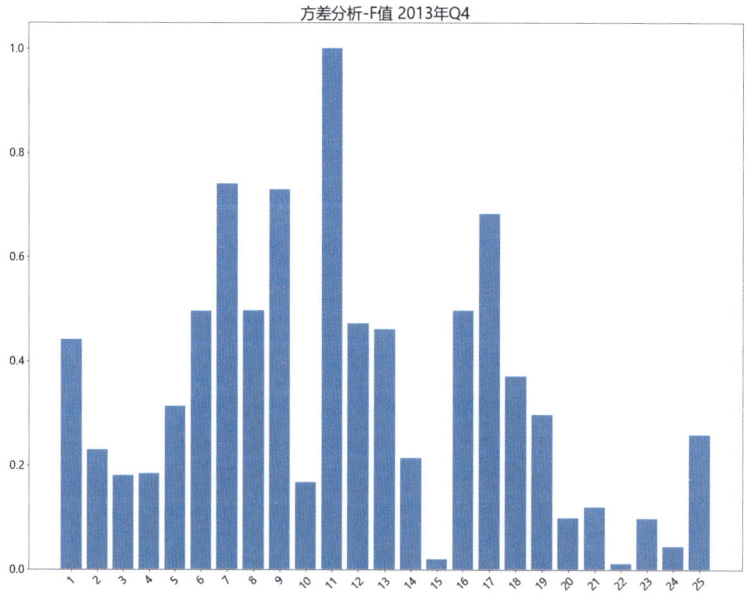

图 B.16　方差分析结果（基于 2013 年第四季度数据）

附录 B 在 2013—2015 年数据集上的递归特征消除法结果（第二季度至第四季度）

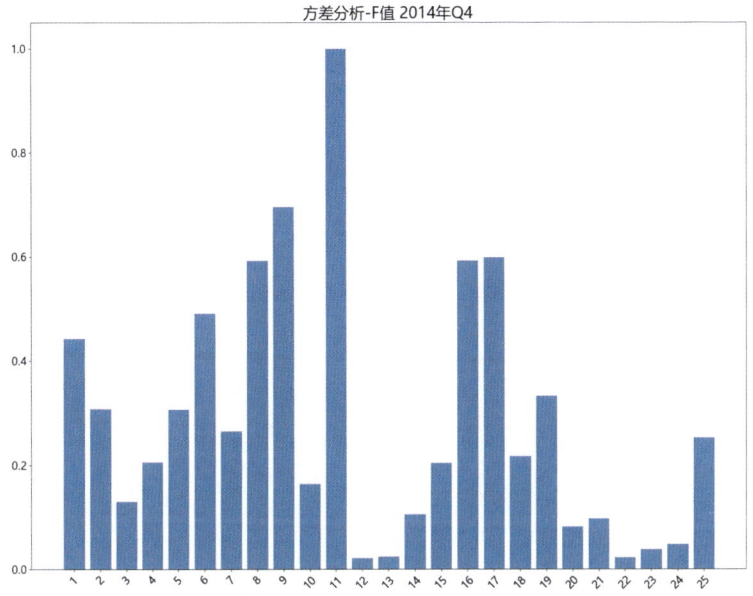

图 B.17 方差分析结果（基于 2014 年第四季度数据）

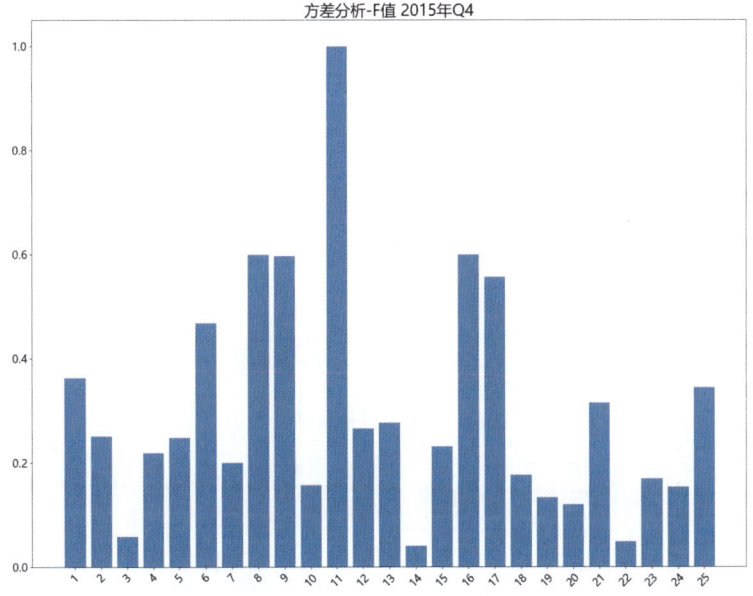

图 B.18 方差分析结果（基于 2015 年第四季度数据）

附录 B 在 2013—2015 年数据集上的递归特征消除法结果（第二季度至第四季度）

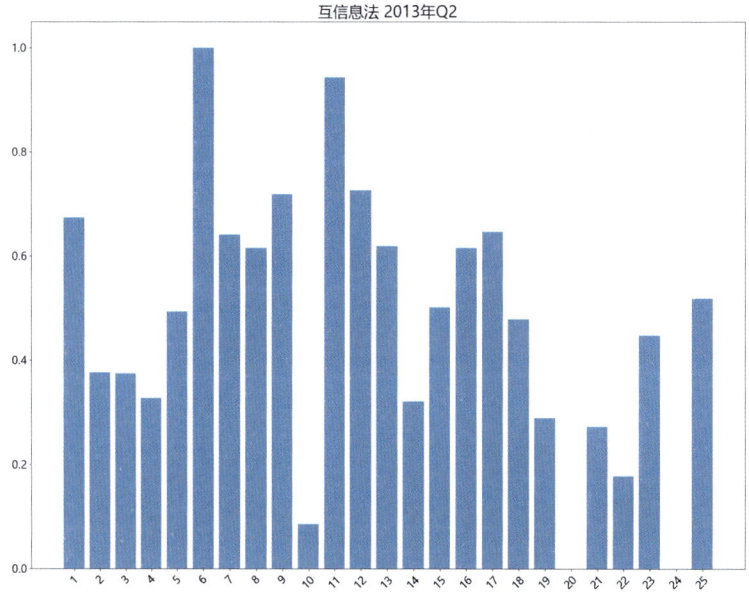

图 B.19 互信息法结果（基于 2013 年第二季度数据）

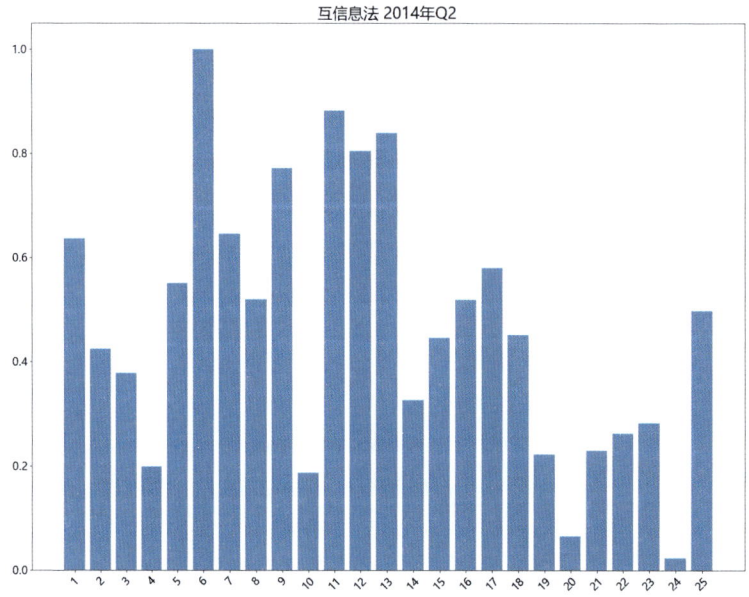

图 B.20 互信息法结果（基于 2014 年第二季度数据）

附录 B 在 2013—2015 年数据集上的递归特征消除法结果（第二季度至第四季度）

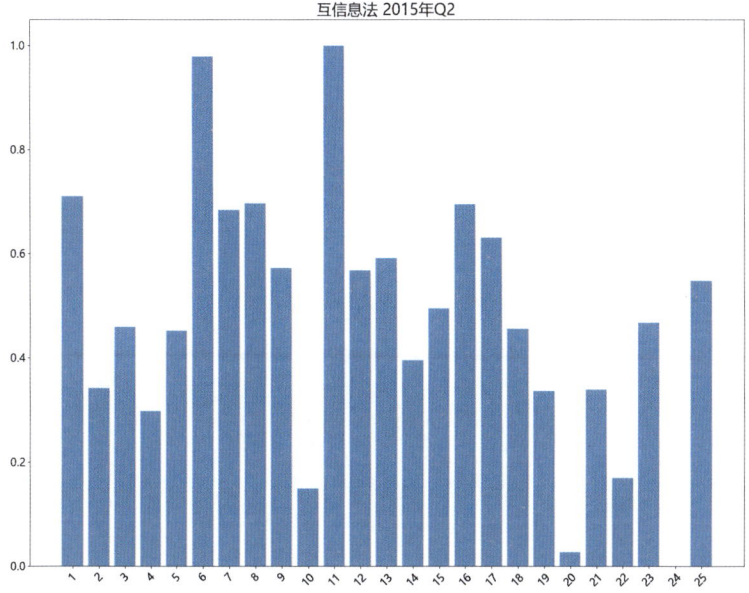

图 B.21 互信息法结果（基于 2015 年第二季度数据）

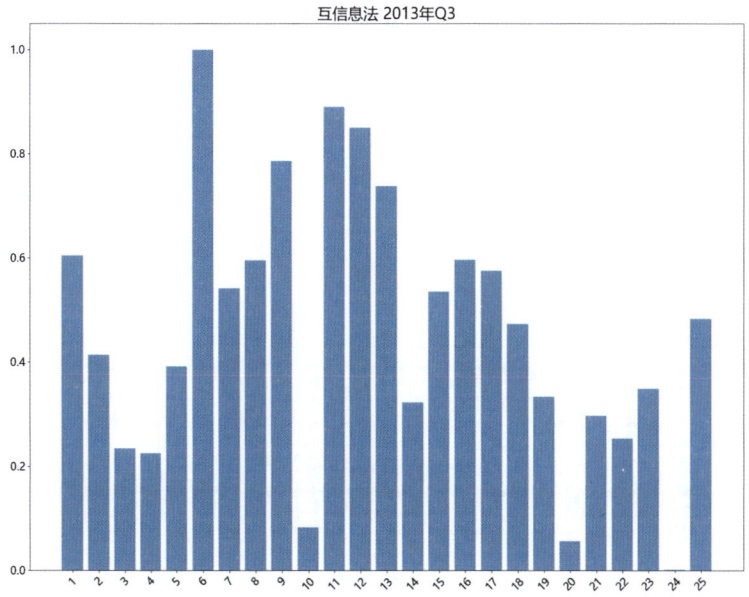

图 B.22 互信息法结果（基于 2013 年第三季度数据）

附录 B 在 2013—2015 年数据集上的递归特征消除法结果（第二季度至第四季度）

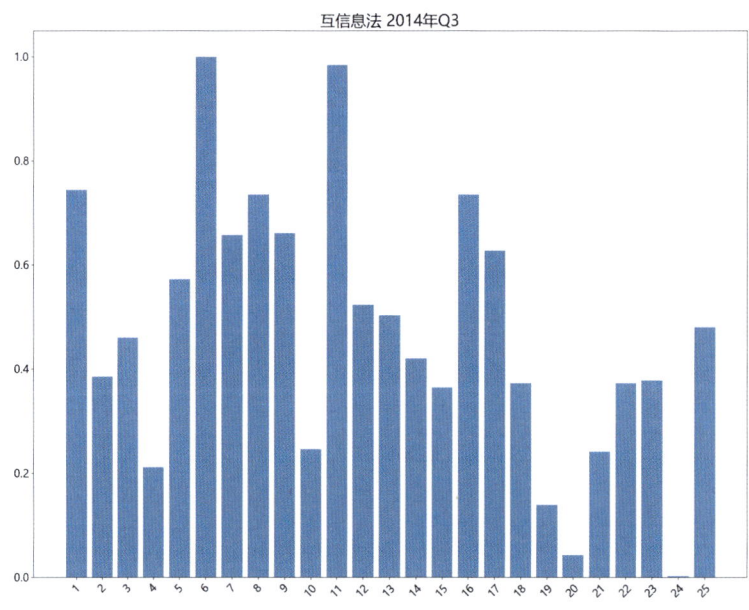

图 B.23 互信息法结果（基于 2014 年第三季度数据）

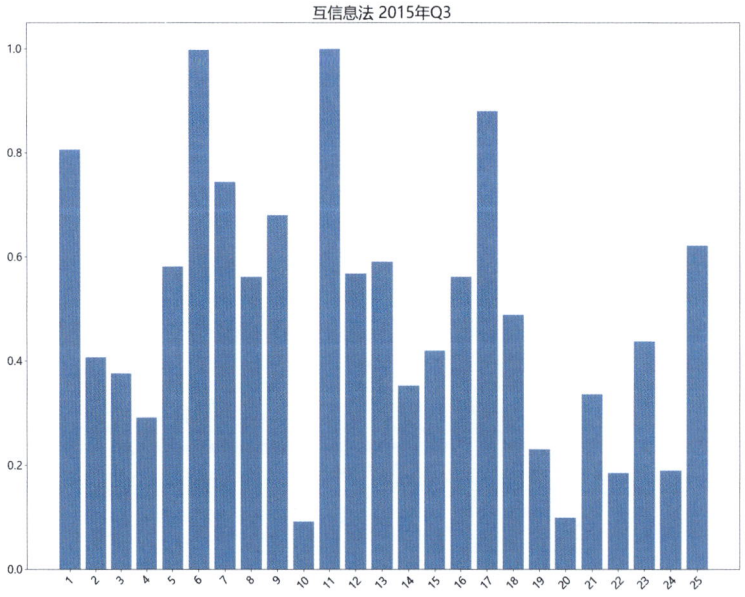

图 B.24 互信息法结果（基于 2015 年第三季度数据）

附录 B 在 2013—2015 年数据集上的递归特征消除法结果（第二季度至第四季度） | 157

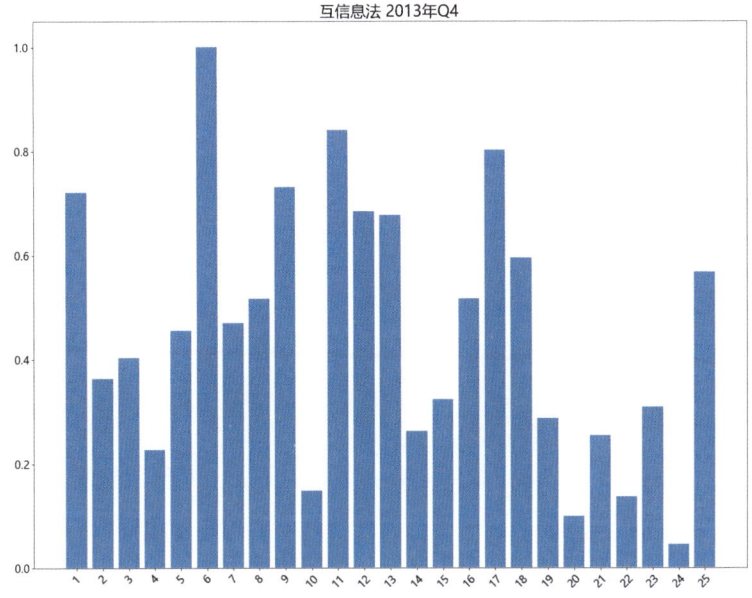

图 B.25 互信息法结果（基于 2013 年第四季度数据）

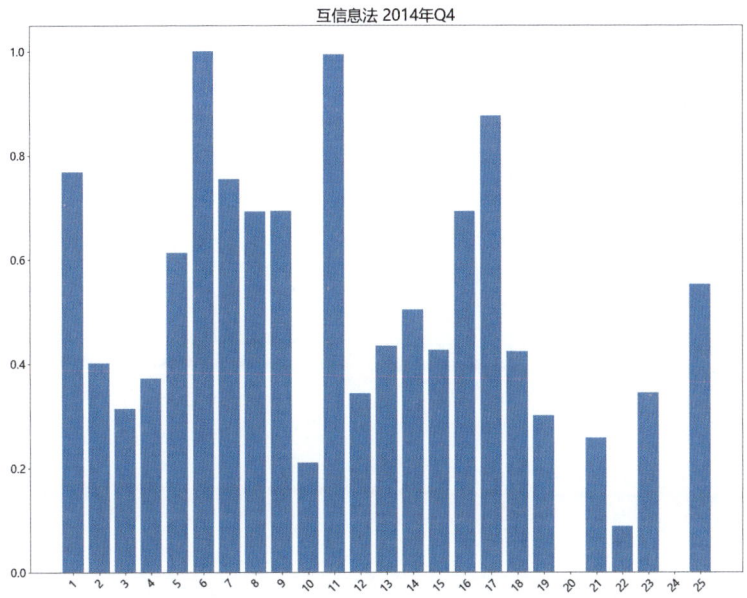

图 B.26 互信息法结果（基于 2014 年第四季度数据）

附录 B 在 2013—2015 年数据集上的递归特征消除法结果（第二季度至第四季度）

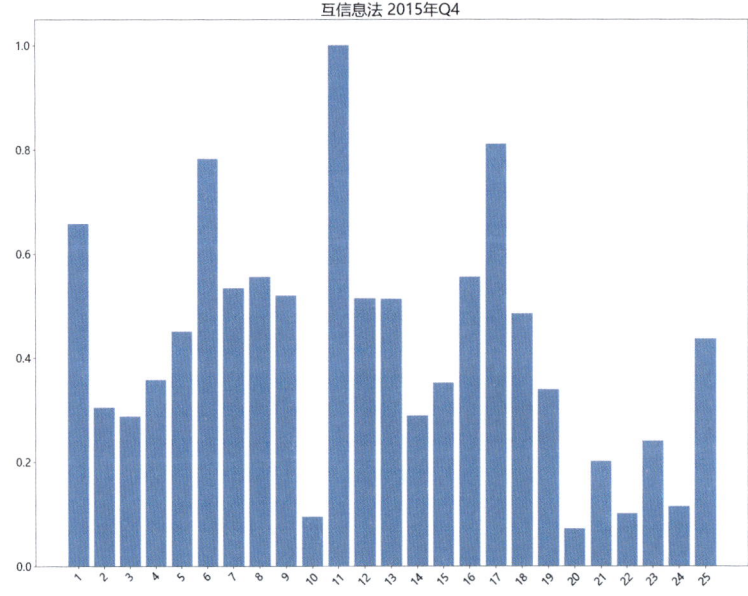

图 B.27 互信息法结果（基于 2015 年第四季度数据）

附录 C

大五人格测试问卷

附录 C 大五人格测试问卷

大五人格测试量表

序号	题目	非常不符合	不太符合	不确定	比较符合	非常符合
1	我不是一个容易忧虑的人	1	2	3	4	5
2	我喜欢周围有很多朋友	1	2	3	4	5
3	我很喜欢沉浸于幻想和白日梦中，去探索	1	2	3	4	5
4	我尽量对每一个遇到的人彬彬有礼，非常客气	1	2	3	4	5
5	我让自己的物品经常保持整洁干净	1	2	3	4	5
6	有时候我感到愤怒，充满怨恨	1	2	3	4	5
7	我很容易笑	1	2	3	4	5
8	我喜欢培养和发展新的爱好	1	2	3	4	5
9	有时候，我会采用威胁或奉承等不同手段，去说服别人按我的意愿去做事	1	2	3	4	5
10	我比较擅长为自己安排好做事进度，以便按时完成任务	1	2	3	4	5
11	当面对极大压力时，有时我会感到好像就要垮了似的	1	2	3	4	5
12	我喜欢那些可以单独做事，不被别人打扰的工作	1	2	3	4	5
13	我对大自然和艺术中蕴涵的美十分着迷	1	2	3	4	5
14	有些人觉得我有些以自我为中心，不太考虑别人的感受	1	2	3	4	5
15	许多时候，事到临头了，我才发现自己还没做好准备	1	2	3	4	5
16	我很少感觉孤独和忧郁	1	2	3	4	5
17	我很喜欢与别人聊天	1	2	3	4	5
18	我认为让学生接触有争议的学说或言论只会混淆和误导他们的思想	1	2	3	4	5
19	如果有人挑起争端，我随时准备好反击	1	2	3	4	5
20	我会尽量认真地完成一切分派给我的任务	1	2	3	4	5
21	我经常感到紧张而心神不定	1	2	3	4	5
22	我喜欢置身于激烈的活动之中	1	2	3	4	5
23	我对诗词基本上没有什么感觉	1	2	3	4	5
24	我觉得自己比大多数的人都优秀	1	2	3	4	5

续表

序号	题目	非常不符合	不太符合	不确定	比较符合	非常符合
25	我有一些明确的目标，并能以有条不紊的方式朝它迈进	1	2	3	4	5
26	有时我感到自己完全一文不值	1	2	3	4	5
27	我通常回避人多的场合	1	2	3	4	5
28	对我来说，让头脑无拘无束地想象是一件困难的事情	1	2	3	4	5
29	受到别人粗暴无礼的对待后，我会尽量原谅他们，让自己忘记这件事	1	2	3	4	5
30	开始着手学习或工作之前，我会浪费很多时间	1	2	3	4	5
31	我很少感到恐惧或焦虑	1	2	3	4	5
32	我常常感到自己精力旺盛，好像充满能量	1	2	3	4	5
33	我很少留意自己在不同环境下的情绪或感觉变化	1	2	3	4	5
34	我相信人性是善良的	1	2	3	4	5
35	我努力做事以达到自己的目标	1	2	3	4	5
36	别人对待我的方式常使我感到愤怒	1	2	3	4	5
37	我是一个快乐开朗的人	1	2	3	4	5
38	我经常体验到许多不同的感受或情绪	1	2	3	4	5
39	很多人觉得我对人有些冷淡，经常和别人保持一定距离	1	2	3	4	5
40	一旦做出承诺，我通常会贯彻到底	1	2	3	4	5
41	很多时候，当事情不顺利时，我会感到泄气，想要放弃	1	2	3	4	5
42	我不太喜欢和人聊天，很少从中获得太多乐趣	1	2	3	4	5
43	阅读一首诗或欣赏一件艺术品时，我有时会感到非常兴奋或喜悦	1	2	3	4	5
44	我是一个固执倔强的人	1	2	3	4	5
45	有时候，我并不是那么可靠和值得信赖	1	2	3	4	5
46	我很少感觉忧伤或沮丧	1	2	3	4	5
47	我的生活节奏很快	1	2	3	4	5

续表

序号	题目	非常不符合	不太符合	不确定	比较符合	非常符合
48	我对思考宇宙规律或人类生存状况没有什么兴趣	1	2	3	4	5
49	我尽量对他人做到体贴周到	1	2	3	4	5
50	我做事情总是善始善终,是一个很有做事能力的人	1	2	3	4	5
51	我经常感觉无助,希望有人能帮助我解决问题	1	2	3	4	5
52	我是一个十分积极活跃的人	1	2	3	4	5
53	我对许多事物都很好奇,充满求知欲	1	2	3	4	5
54	如果我不喜欢某一个人,我会让他知道	1	2	3	4	5
55	我好像总不能把事情安排得井井有条	1	2	3	4	5
56	有时我会感到十分羞愧,以至于只想躲起来,不见任何人	1	2	3	4	5
57	我宁愿自己独自做事,而不是领导指挥别人	1	2	3	4	5
58	我喜欢研究理论和抽象的问题	1	2	3	4	5
59	如果必要的话,我会利用别人来达到自己的目的	1	2	3	4	5
60	对于每件事,我都力求做到最好	1	2	3	4	5

参考文献

[1] Zavolokina L, Dolata M, Schwabe G. FinTech – What's in a name?[C]//Proceedings - 2016 International Conference on Information Systems. , 2016.

[2] Hendershott T, Zhang M X, Zhao J L, Zheng E. Call for Papers—Special Issue of Information Systems Research Fintech – Innovating the Financial Industry Through Emerging Information Technologies[J]. Information Systems Research, 2017, 28(4): 885–886.

[3] Gomber P, Koch J-A, Siering M. Digital Finance and FinTech: current research and future research directions[J]. Journal of Business Economics, 2017, 87(5): 537–580.

[4] Gomber P, Kauffman R J, Parker C, Weber B W. On the Fintech Revolution: Interpreting the Forces of Innovation, Disruption, and Transformation in Financial Services[J]. Journal of Management Information Systems, 2018, 35(1): 220–265.

[5] Haddad C, Hornuf L. The emergence of the global fintech market: economic and technological determinants[J]. Small Business Economics, 2019, 53(1): 81–105.

[6] Li Y, Spigt R, Swinkels L. The impact of FinTech start-ups on incumbent retail banks' share prices[J]. Financial Innovation, 2017, 3(1): 26.

[7] Burtch G, Hong Y, Liu D. The Role of Provision Points in Online Crowdfunding[J]. Journal of Management Information Systems, 2018, 35(1): 117–144.

[8] Mai F, Shan Z, Bai Q, Wang X (SHANE), Chiang R H L. How does social media impact bitcoin value? A test of the silent majority hypothesis[J]. Journal of Management Information Systems, 2018, 35(1): 19–52.

[9] Thomas L C. A survey of credit and behavioural scoring: Forecasting financial risk of lending to consumers[J]. International Journal of Forecasting, 2000, 16: 149.

[10] Abdou H A, Pointon J. Credit scoring, statistical techniques and evaluation criteria: a review of the literature[J]. Intelligent Systems in Accounting, Finance and Management, 2011, 18(2–3): 59–88.

[11] Capon N. Credit Scoring Systems: A Critical Analysis[J]. Journal of Marketing, 1982, 46(2): 82.

[12] Treacy W F, Carey M. Credit risk rating systems at large US banks[J]. Journal of Banking & Finance, 2000, 24(1–2): 167–201.

[13] Frame W S, Srinivasan A, Woosley L. The Effect of Credit Scoring on Small-Business Lending[J]. Journal of Money, Credit and Banking, 2001, 33(3): 813.

[14] Mester L J. What's the Point of Credit Scoring ?[J]. Business Review, 1997, 3: 3–16.

[15] Avery R B, Calem P S, Canner G B. Consumer credit scoring: Do situational circumstances matter?[J]. Journal of Banking & Finance, 2004, 28(4): 835–856.

[16] Hackbarth D, Miao J, Morellec E. Capital structure, credit risk, and macroeconomic conditions[J]. Journal of Financial Economics, 2006, 82(3): 519–550.

[17] Van Gool J, Verbeke W, Sercu P, Baesens B. Credit scoring for microfinance: Is it worth it?[J]. International Journal of Finance and Economics, 2012, 17(2): 103–123.

[18] Glasserman P, Li J. Importance sampling for portfolio credit risk[J]. Management Science, 2005, 51(11): 1643–1656.

[19] Fatemi A, Fooladi I. Credit risk management: a survey of practices[J]. Managerial Finance, 2006, 32(3): 227–233.

[20] Jacobson T, Roszbach K. Bank lending policy, credit scoring and value-at-risk[J]. Journal of Banking and Finance, 2003, 27(4): 615–633.

[21] Blöchlinger A, Leippold M. Economic benefit of powerful credit scoring[J]. Journal of Banking and Finance, 2006, 30(3): 851–873.

[22] Siami M, Gholamian M R, Basiri J. An application of locally linear model tree algorithm with combination of feature selection in credit scoring[J]. International Journal of Systems Science, 2014, 45(10): 2213–2222.

[23] Berger A N, Frame W S. Credit Scoring and Credit Availability[J]. Journal of Small Business Management, 2007, 45(1): 5–22.

[24] Altman E I, Saunders A. Credit risk measurement: Developments over the last 20 years[J]. Journal of Banking & Finance, 1997, 21(11–12): 1721–1742.

[25] Crook J N, Edelman D B, Thomas L C. Recent developments in consumer credit risk assessment[J]. European Journal of Operational Research, 2007, 183(3): 1447–1465.

[26] West D. Neural network credit scoring models[J]. Computers and Operations Research, 2000, 27: 1131–1152.

[27] Baesens B, Setiono R, Mues C, Vanthienen J. Using neural network rule extraction and

decision tables for credit-risk evaluation[J]. Management Science, 2003, 49(3): 312–329.

[28] Lee T S, Chiu C C, Lu C J, Chen I F. Credit scoring using the hybrid neural discriminant technique[J]. Expert Systems with Applications, 2002, 23(3): 245–254.

[29] Yu L, Wang S, Lai K K. Credit risk assessment with a multistage neural network ensemble learning approach[J]. Expert Systems with Applications, 2008, 34(2): 1434–1444.

[30] Huang C L, Chen M C, Wang C J. Credit scoring with a data mining approach based on support vector machines[J]. Expert Systems with Applications, 2007, 33(4): 847–856.

[31] Zhou L, Lai K K, Yen J. Credit scoring models with auc maximization based on weighted SVM[J]. International Journal of Information Technology & Decision Making, 2009, 8(4): 677–696.

[32] Antonakis A C, Sfakianakis M E. Assessing naïve Bayes as a method for screening credit applicants[J]. Journal of Applied Statistics, 2009, 36(5): 537–545.

[33] Ong C S, Huang J J, Tzeng G H. Building credit scoring models using genetic programming[J]. Expert Systems with Applications, 2005, 29(1): 41–47.

[34] Mavri M, Angelis V, Ioannou G, Gaki E, Koufodontis I. A two-stage dynamic credit scoring model, based on customers'profile and time horizon[J]. Journal of Financial Services Marketing, 2008, 13(1): 17–27.

[35] Zhao Y, Zhao Y, Song I. Predicting new customers'risk type in the credit card market[J]. Journal of Marketing Research, 2009, 46(4): 506–517.

[36] Chuang C-L, Huang S-T. A hybrid neural network approach for credit scoring[J]. Expert Systems, 2011, 28(2): 185–196.

[37] Aral S, Dellarocas C, Godes D. Introduction to the Special Issue —Social Media and Business Transformation: A Framework for Research [J]. Information Systems Research, 2013, 24(1): 3–13.

[38] Zhu R (JULIET), Dholakia U M, Chen X (JACK), Algesheimer R. Does online community participation foster risky financial behavior?[J]. Journal of Marketing Research, 2012, 49(3): 394–407.

[39] Wei Y, Yildirim P, Van Den Bulte C, Dellarocas C. Credit scoring with social network data[J]. Marketing Science, 2016, 35(2): 234–258.

[40] Davey J, George C. Personality and finance: The effects of personality on financial attitudes and behaviour[J]. International Journal of Interdisciplinary Social Sciences, 2011, 5(9): 275–294.

[41] Bernerth J B, Taylor S G, Walker H J, Whitman D S. An empirical investigation of dispositional antecedents and performance-related outcomes of credit scores.[J]. Journal

of Applied Psychology, 2012, 97(2): 469–478.

[42] Kapoor K K, Tamilmani K, Rana N P, Patil P, Dwivedi Y K, Nerur S. Advances in Social Media Research: Past, Present and Future[J]. Information Systems Frontiers, 2018, 20(3): 531–558.

[43] Golbeck J, Robles C, Turner K. Predicting Personality with Social Media[C]//CHI'11 Extended Abstracts on Human Factors in Computing Systems. , 2011New York, NY, USA: : 253–262.

[44] Stoughton J W, Thompson L F, Meade A W. Big Five personality traits reflected in job applicants' social media postings[J]. Cyberpsychology, Behavior, and Social Networking, 2013, 16(11): 800–805.

[45] Fu X, Ouyang T, Chen J, Luo X. Listening to the investors: A novel framework for online lending default prediction using deep learning neural networks[J]. Information Processing & Management, 2020, 57(4): 102236.

[46] Zhang C, Yang Z, He X, Deng L. Multimodal Intelligence: Representation Learning, Information Fusion, and Applications[J]. IEEE Journal of Selected Topics in Signal Processing, 2019: 1–15.

[47] Greiner M E, Wang H. The role of social capital in people-to-people lending marketplaces[C]//Proceedings of Thirtieth International Conference on Information Systems. , 2009: 1–17.

[48] Xu Y, Zhang Y. A online credit evaluation method based on AHP and SPA[J]. Communications in Nonlinear Science and Numerical Simulation, 2009, 14(7): 3031–3036.

[49] Piao C, An J, Fang M. Study on credit evaluation model and algorithm for C2C e-commerce[C]//IEEE International Conference on e-Business Engineering. , 2007: 392–395.

[50] Piao C, Zhang C, Han X, An J. Research on credit evaluation model and algorithm for B2B e-commerce[C]//IEEE International Conference on e-Business Engineering. , 2008: 606–609.

[51] Li X, Shang Y, Su Z. Semiparametric estimation of default probability: Evidence from the Prosper online credit market[J]. Economics Letters, 2015, 127: 54–57.

[52] Devlin J, Chang M-W, Lee K, Toutanova K. BERT: Pre-training of Deep Bidirectional Transformers for Language Understanding[J]. arXiv preprint arXiv:1810.04805, 2018.

[53] Vedala R, Kumar B R. An application of Naive Bayes classification for credit scoring in e-lending platform[C]//Proceedings of 2012 International Conference on Data Science and Engineering. , 2012: 81–84.

[54] Goldberg L R. An alternative "description of personality": The Big-Five factor

structure.[J]. Journal of Personality and Social Psychology, 1990, 59(6): 1216–1229.

[55] Costa Jr. P T, McCrae R R. The Revised NEO Personality Inventory (NEO-PI-R).[G]//The SAGE handbook of personality theory and assessment, Vol 2: Personality measurement and testing. , 2008Thousand Oaks, CA, US: : 179–198.

[56] Fruyt F DE, McCrae R R, Szirmák Z, Nagy J. The Five-Factor personality inventory as a measure of the five-factor model: Belgian, American, and Hungarian comparisons with the NEO-PI-R[J]. Assessment, 2004, 11(3): 207–215.

[57] Donaldson S I, Grant-Vallone E J. Understanding Self-Report Bias in Organizational Behavior Research[J]. Journal of Business and Psychology, 2002, 17(2): 245–260.

[58] Mehl M R, Gosling S D, Pennebaker J W. Personality in its natural habitat: Manifestations and implicit folk theories of personality in daily life[J]. Journal of Personality and Social Psychology, 2006, 90(5): 862–877.

[59] Mairesse F, Walker M A, Mehl M R, Moore R K. Using Linguistic Cues for the Automatic Recognition of Personality in Conversation and Text[J]. Journal of Artificial Intelligence Research, 2007, 30: 457–500.

[60] Iacobelli F, Gill A J, Nowson S, Oberlander J. Large Scale Personality Classification of Bloggers[G]//D'MELLO S, GRAESSER A, SCHULLER B, et al. Affective Computing and Intelligent Interaction. , 2011Berlin, Heidelberg: : 568–577.

[61] Pennebaker J W, Francis M E, Booth R J. Linguistic inquiry and word count: LIWC 2001[J]. Mahway: Lawrence Erlbaum Associates, 2001.

[62] Tausczik Y R, Pennebaker J W. The Psychological Meaning of Words: LIWC and Computerized Text Analysis Methods[J]. Journal of Language and Social Psychology, 2010, 29(1): 24–54.

[63] Wright W R, Chin D N. Personality Profiling from Text: Introducing Part-of-Speech N-Grams[G]//DIMITROVA V, KUFLIK T, CHIN D, et al. User Modeling, Adaptation, and Personalization. , 2014Cham: : 243–253.

[64] Abdi A, Shamsuddin S M, Hasan S, Piran J. Deep learning-based sentiment classification of evaluative text based on Multi-feature fusion[J]. Information Processing & Management, 2019, 56(4): 1245–1259.

[65] Kumar A, Srinivasan K, Cheng W-H, Zomaya A Y. Hybrid context enriched deep learning model for fine-grained sentiment analysis in textual and visual semiotic modality social data[J]. Information Processing & Management, 2020, 57(1): 102141.

[66] Beskow D M, Kumar S, Carley K M. The evolution of political memes: Detecting and characterizing internet memes with multi-modal deep learning[J]. Information Processing & Management, 2020, 57(2): 102170.

[67] Mehta Y, Majumder N, Gelbukh A, Cambria E. Recent trends in deep learning based personality detection[J]. Artificial Intelligence Review, 2020, 53: 2313–2339.

[68] Xue D, Wu L, Hong Z, Guo S, Gao L, Wu Z, Zhong X, Sun J. Deep learning-based personality recognition from text posts of online social networks[J]. Applied Intelligence, 2018, 48: 4232–4246.

[69] Li Y, Wan J, Miao Q, Escalera S, Fang H, Chen H, Qi X, Guo G. CR-Net: A deep classification-regression network for multimodal apparent personality analysis[J]. International Journal of Computer Vision, 2020, 128(12): 2763–2780.

[70] Peters M E, Neumann M, Iyyer M, Gardner M, Clark C, Lee K, Zettlemoyer L. Deep contextualized word representations[J]. , 2018.

[71] Howard J, Ruder S. Universal language model fine-tuning for text classification[C]//In Proceedings of the 56th Annual Meeting of the Association for Computational Linguistics. , 2018: 328–339.

[72] Torrey L, Shavlik J. Transfer Learning[G]//Handbook of Research on Machine Learning Applications and Trends. , 2010: 242–264.

[73] Mikolov T, Chen K, Corrado G, Dean J. Efficient estimation of word representations in vector space[J]. , 2013.

[74] Ferguson T S. An Inconsistent Maximum Likelihood Estimate[J]. Journal of the American Statistical Association, 1982, 77(380): 831–834.

[75] Bach S, Binder A, Montavon G, Klauschen F, Müller K-R, Samek W. On pixel-wise explanations for non-linear classifier decisions by layer-wise relevance propagation[J]. Plos One, 2015, 10(7): e0130140.

[76] Montavon G, Lapuschkin S, Binder A, Samek W, Müller K-R. Explaining nonlinear classification decisions with deep Taylor decomposition[J]. Pattern Recognition, 2017, 65: 211–222.

[77] Hilscher J, Wilson M. Credit Ratings and Credit Risk: Is One Measure Enough?[J]. Management Science, 2017, 63(10): 3414–3437.

[78] White L J. The credit rating agencies[J]. Journal of Economic Perspectives, 2010, 24(2): 211–226.

[79] Mattarocci G. The independence of credit rating agencies: How business models and regulators interact[M]. , 2014.

[80] Stefanescu C, Tunaru R, Turnbull S. The credit rating process and estimation of transition

probabilities: A Bayesian approach[J]. Journal of Empirical Finance, 2009, 16(2): 216–234.

[81] Tsai F-T, Lu H-M, Hung M-W. The impact of news articles and corporate disclosure on credit risk valuation[J]. Journal of Banking & Finance, 2016, 68: 100–116.

[82] Huang Z, Chen H, Hsu C-J, Chen W-H, Wu S. Credit rating analysis with support vector machines and neural networks: a market comparative study[J]. Decision Support Systems, 2004, 37(4): 543–558.

[83] Hajek P, Michalak K. Feature selection in corporate credit rating prediction[J]. Knowledge-Based Systems, 2013, 51: 72–84.

[84] Cheng M, Neamtiu M. An empirical analysis of changes in credit rating properties: Timeliness, accuracy and volatility[J]. Journal of Accounting and Economics, 2009, 47(1–2): 108–130.

[85] Dutta S, Shekhar S. Bond rating: A non-conservative application of neural networks[C]// IEEE International Conferen on Neural Networks. , 1988: 443–450.

[86] Surkan A J, Singleton J C. Neural networks for bond rating improved by multiple hidden layers[C]//1990 IJCNN International Joint Conference on Neural Networks. , 1990: 157–162.

[87] Kim K S. Predicting bond ratings using publicly available information[J]. Expert Systems with Applications, 2005, 29(1): 75–81.

[88] Kumar K, Bhattacharya S. Artificial neural network vs linear discriminant analysis in credit ratings forecast[J]. Review of Accounting and Finance, 2006, 5(3): 216–227.

[89] Lee Y-C. Application of support vector machines to corporate credit rating prediction[J]. Expert Systems with Applications, 2007, 33(1): 67–74.

[90] Yeh C-C C, Lin F, Hsu C-Y Y. A hybrid KMV model, random forests and rough set theory approach for credit rating[J]. Knowledge-Based Systems, 2012, 33: 166–172.

[91] Chen Y, Cheng C. Hybrid models based on rough set classifiers for setting credit rating decision rules in the global banking industry[J]. Knowledge-Based Systems, 2013, 39: 224–239.

[92] Vaaler P M, McNamara G. Crisis and competition in expert organizational decision making: Credit-rating agencies and their response to turbulence in emerging economies[J]. Organization Science, 2004, 15(6): 687–703.

[93] Ashbaugh-Skaife H, Collins D W, LaFond R. The effects of corporate governance on firms' credit ratings[J]. Journal of Accounting and Economics, 2006, 42(1–2): 203–243.

[94] Becker B, Milbourn T. How did increased competition affect credit ratings?[J]. Journal of Financial Economics, 2011, 101(3): 493–514.

[95] Stolper A. Regulation of credit rating agencies[J]. Journal of Banking & Finance, 2009, 33(7): 1266–1273.

[96] Duan J-C, Van Laere E. A public good approach to credit ratings – From concept to reality[J]. Journal of Banking & Finance, 2012, 36(12): 3239–3247.

[97] Cantor R, Packer F. Differences of opinion and selection bias in the credit rating industry[J]. Journal of Banking & Finance, 1997, 21(10): 1395–1417.

[98] Bannier C E, Hirsch C W. The economic function of credit rating agencies - What does the watchlist tell us?[J]. Journal of Banking and Finance, 2010, 34(12): 3037–3049.

[99] Mullard M. The Credit Rating Agencies and Their Contribution to the Financial Crisis[J]. Political Quarterly, 2012, 83(1): 77–95.

[100] Scalet S, Kelly T F. The Ethics of Credit Rating Agencies: What Happened and the Way Forward[J]. Journal of Business Ethics, 2012, 111(4): 477–490.

[101] Frost C A. Credit Rating Agencies in Capital Markets: A Review of Research Evidence on Selected Criticisms of the Agencies[J]. Journal of Accounting, Auditing & Finance, 2007, 22(3): 469–492.

[102] Livingston M, Poon W P H, Zhou L. Are Chinese credit ratings relevant? A study of the Chinese bond market and credit rating industry[J]. Journal of Banking & Finance, 2018, 87: 216–232.

[103] Shin Y S, Moore W T. Explaining credit rating differences between Japanese and U.S. agencies[J]. Review of Financial Economics, 2003, 12(4): 327–344.

[104] Shik Shin K, Han I. A case-based approach using inductive indexing for corporate bond rating[J]. Decision Support Systems, 2001, 32(1): 41–52.

[105] Doumpos M, Zopounidis C. A Multicriteria Outranking Modeling Approach for Credit Rating[J]. Decision Sciences, 2011, 42(3): 721–742.

[106] Tang T T. Information asymmetry and firms'credit market access: Evidence from Moody's credit rating format refinement[J]. Journal of Financial Economics, 2009, 93(2): 325–351.

[107] Alp A. Structural Shifts in Credit Rating Standards[J]. Journal of Finance, 2013, 68(6): 2435–2470.

[108] Agarwal S, Chen V Y S, Zhang W. The information value of credit rating action reports: A textual analysis[J]. Management Science, 2016, 62(8): 2218–2240.

[109] Mayew W J, Venkatachalam M. The power of voice: Managerial affective states and

future firm performance[J]. Journal of Finance, 2012, 67(1): 1–43.

[110] Wang M, Ku H. Utilizing historical data for corporate credit rating assessment[J]. Expert Systems with Applications, 2021, 165: 113925.

[111] Standard & Poor's. Standard & Poor's corporate governance scores: Criteria, methodology and definitions[J]. , 2002.

[112] Das S R, Chen M Y. Yahoo! for Amazon: Sentiment Extraction from Small Talk on the Web[J]. Management Science, 2007, 53(9): 1375–1388.

[113] Luo X, Zhang J, Duan W. Social media and firm equity value[J]. Information Systems Research, 2013, 24(1): 146–163.

[114] Liao Z, Cheung M T. Internet-based e-shopping and consumer attitudes: an empirical study[J]. Information & Management, 2001, 38(5): 299–306.

[115] Yuan H, Xu W, Li Q, Lau R. Topic sentiment mining for sales performance prediction in e-commerce[J]. Annals of Operations Research, 2018, 270(1–2): 553–576.

[116] Merton R C. On the pricing of corporate debt: The risk structure of interest rates[J]. The Journal of Finance, 1974, 29(2): 449–470.

[117] Morgan N A, Rego L L. The Value of Different Customer Satisfaction and Loyalty Metrics in Predicting Business Performance[J]. Marketing Science, 2006, 25(5): 426–439.

[118] Tetlock P C. Giving content to investor sentiment: The role of media in the stock market[J]. Journal of Finance, 2007, 62(3): 1139–1168.

[119] Yu Y, Duan W, Cao Q. The impact of social and conventional media on firm equity value: A sentiment analysis approach[J]. Decision Support Systems, 2013, 55(4): 919–926.

[120] Yin D, Bond S D, Zhang H. Anxious or Angry? Effects of Discrete Emotions on the Perceived Helpfulness of Online Reviews[J]. MIS Quarterly, 2014, 38(2): 539–560.

[121] Roseman I J, Smith C A. Appraisal theory[G]//Appraisal processes in emotion: Theory, methods, research. , 2001: 3–19.

[122] Schwarz N. Feelings as information: Implications for affective influences on information processing[G]//Theories of mood and cognition: A user's guidebook. , 2001: 159–176.

[123] Petty R E, DeSteno D, Rucker D D. The role of affect in attitude change.[J]. Handbook of affect and social cognition., 2001Mahwah, NJ, US: : 212–233.

[124] Liu Y, Chen X, Zhang C, Sprague A. Semantic clustering for region-based image retrieval[J]. Journal of Visual Communication and Image Representation, 2009, 20(2): 157–166.

[125] Machajdik J, Hanbury A. Affective image classification using features inspired by psychology and art theory[C]//Proceedings of the international conference on Multimedia - MM'10. , 2010New York, New York, USA: : 83–92.

[126] Jia J, Wu S, Wang X, Hu P, Cai L, Tang J. Can we understand van Gogh's mood? Learning to infer affects from images in social networks[C]//Proceedings of the 20th ACM International Conference on Multimedia. , 2012New York, NY, USA: : 857–860.

[127] Yuan J, Mcdonough S, You Q, Luo J. Sentribute: Image Sentiment Analysis from a Mid-Level Perspective[C]//Proceedings of the Second International Workshop on Issues of Sentiment Discovery and Opinion Mining. , 2013New York, NY, USA: .

[128] Yang Y, Lan C, Li X, Luo B, Huan J. Automatic social circle detection using multi-view clustering[C]//Proceedings of the 2014 ACM International Conference on Information and Knowledge Management. , 2014: 1019–1028.

[129] You Q, Luo J, Jin H, Yang J. Joint Visual-Textual Sentiment Analysis with Deep Neural Networks[C]//Proceedings of the 23rd ACM International Conference on Multimedia. , 2015New York, NY, USA: : 1071–1074.

[130] Nofsinger J R. Social mood and financial economics[J]. Journal of Behavioral Finance, 2005, 6(3): 144–160.

[131] Olson K R. A literature review of social mood[J]. Journal of Behavioral Finance, 2006, 7(4): 193–203.

[132] Gregor S, Hevner A R. Positioning and presenting design science research for maximum impact[J]. MIS Quarterly, 2013, 37(2): 337–355.

[133] Blei D M, Ng A Y, Jordan M I, Lafferty J. Latent Dirichlet Allocation[J]. Journal of Machine Learning Research, 2003, 3: 993–1022.

[134] Cambria E, White B. Jumping NLP curves: A review of natural language processing research[J]. IEEE Computational Intelligence Magazine, 2014, 9(2): 48–57.

[135] Qi Z, Storey V C, Jabr W. Sentiment analysis meets semantic analysis: Constructing insight knowledge bases[C]//Proceedings of 2015 International Conference on Information Systems. , 2015(June 2016): 1–16.

[136] Abbasi A, Chen H, Thoms S, Fu T. Affect analysis of web forums and blogs using correlation ensembles[J]. IEEE Transactions on Knowledge and Data Engineering, 2008, 20(9): 1168–1180.

[137] Hancock J T, Landrigan C, Silver C. Expressing Emotion in Text-Based Communication[C]//Proceedings of the SIGCHI Conference on Human Factors in Computing Systems. , 2007New York, NY, USA: : 929–932.

[138] Subasic P, Huettner A. Affect analysis of text using fuzzy semantic typing[J]. IEEE Transactions on Fuzzy Systems, 2001, 9(4): 483–496.

[139] Ludwig S, De Ruyter K, Friedman M, Brüggen E C, Wetzels M, Pfann G. More than words: The influence of affective content and linguistic style matches in online reviews on conversion rates[J]. Journal of Marketing, 2013, 77(1): 87–103.

[140] Gill A J, Gergle D, French R M, Oberlander J. Emotion rating from short blog texts[C]//Proceedings of the SIGCHI Conference on Human Factors in Computing Systems. , 2008New York, NY, USA: : 1121–1124.

[141] Gill A J, French R M, Gergle D, Oberlander J. The language of emotion in short blog texts[C]//Proceedings of the 2008 ACM Conference on Computer Supported Cooperative Work. , 2008New York, NY, USA: : 299–302.

[142] Neviarouskaya A, Prendinger H, Ishizuka M. Recognition of affect, judgment, and appreciation in text[C]//Proceedings of 23rd International Conference on Computational Linguistics, Proceedings of the Conference. , 2010Beijing, China: , 2(August): 806–814.

[143] Lin K H Y, Yang C, Chen H H. What emotions do news articles trigger in their readers?[C]//Proceedings of the 30th Annual International ACM SIGIR Conference on Research and Development in Information Retrieval, SIGIR'07. , 2007: 733–734.

[144] Das D. Analysis and tracking of emotions in English and Bengali texts: A computational approach[C]//Proceedings of the 20th International Conference Companion on World Wide Web. , 2011: 343–347.

[145] Li X, Xie H, Chen L, Wang J, Deng X. News impact on stock price return via sentiment analysis[J]. Knowledge-Based Systems, 2014, 69(1): 14–23.

[146] Plutchik R. A general psychoevolutionary theory of emotion[G]//PLUTCHIK R, KELLERMAN H B T-T of E. Theories of Emotion. , 1980: 3–33.

[147] Ekman P. An argument for basic emotions[J]. Cognition and Emotion, 1992, 6(3–4): 169–200.

[148] Strapparava C, Mihalcea R. Learning to identify emotions in text[C]//Proceedings of the 2008 ACM Symposium on Applied Computing. , 2008New York, NY, USA: : 1556–1560.

[149] Poria S, Gelbukh A, Cambria E, Hussain A, Huang G-B. EmoSenticSpace: A novel framework for affective common-sense reasoning[J]. Knowledge-Based Systems, 2014, 69: 108–123.

[150] You Q, Luo J, Jin H, Yang J. Robust image sentiment analysis using progressively trained and domain transferred deep networks[C]//Proceedings of the AAAI Conference on Artificial Intelligence. , 2015, 29(1 SE-AAAI Technical Track: AI and the Web).

[151] Wang Y, Li B. Sentiment analysis for social media images[C]//Proceedings - 15th IEEE International Conference on Data Mining Workshop, ICDMW 2015. , 2016: 1584–1591.

[152] You Q, Luo J, Jin H, Yang J. Cross-modality consistent regression for joint visual-textual sentiment analysis of social multimedia[C]//Proceedings of the Ninth ACM International Conference on Web Search and Data Mining. , 2016New York, NY, USA: : 13–22.

[153] Borth D, Ji R, Chen T, Breuel T, Chang S-F. Large-scale visual sentiment ontology and detectors using adjective noun pairs[C]//Proceedings of the 21st ACM International Conference on Multimedia. , 2013New York, NY, USA: : 223–232.

[154] Wang W, He Q. A survey on emotional semantic image retrieval[C]//2008 15th IEEE International Conference on Image Processing. , 2008: 117–120.

[155] Yang Y, Jia J, Zhang S, Wu B, Chen Q, Li J, Xing C, Tang J. How do your friends on social media disclose your emotions[C]//Proceedings of the AAAI Conference on Artificial Intelligence. , 2014, 28(1 SE-AAAI Technical Track: Applications).

[156] Zhao S, Yao H, Yang Y, Zhang Y. Affective image retrieval via multi-graph learning[C]//Proceedings of the 22nd ACM International Conference on Multimedia. , 2014New York, NY, USA: : 1025–1028.

[157] Mohammad S M, Turney P D. Crowdsourcing a word-emotion association lexicon[J]. Computational Intelligence, 2013, 29(3): 436–465.

[158] Jou B, Chen T, Pappas N, Redi M, Topkara M, Chang S-F. Visual affect around the world[C]//Proceedings of the 23rd ACM international conference on Multimedia. , 2015New York, NY, USA: : 159–168.